O DESENHO

e seus significados

Clélia Marília Heusser Azeredo

O DESENHO

e seus significados

EDICON

CIP-BRASIL. CATALOGAÇÃO NA PUBLICAÇÃO
SINDICATO NACIONAL DOS EDITORES DE LIVROS, RJ

A985c

Azeredo, Clélia Marília Heusser
O desenho e seus significados / Clélia Marília Heusser Azeredo. - 1. ed. - São Paulo : Edicon, 2021.
108 p. : il. ; 23 cm.

Inclui bibliografia

ISBN 9786559340309

1. Psicologia do desenho. 2. Psicodiagnóstico. 3. Desenho infantil - Aspectos psicológicos. 4. Criatividade. 5. Imaginação. 6. Psicologia educacional. I. Título.

21-73179 CDD: 155.28
CDU: 159.9.072

Camila Donis Hartmann - Bibliotecária - CRB-7/6472
09/09/2021 10/09/2021

CONTATO COM A AUTORA: cleliamariliaha@hotmail.com

EDICON **www.edicon.com.br**
Editora e Consultoria Ltda-EPP
11-3255-1002 3255-9822 zap 98871-1678
Rua Herculano de Freitas, 181 SP- SP 01308-020

SUMÁRIO

Apresentação

O desenho é uma representação da alma, faz parte do processo inconsciente, é expressão dos nossos sentimentos e sensações, daquilo que acreditamos e desejamos. Todas as pessoas conseguem desenhar, isto não significa que todos nós temos habilidades para tanto. Mas, o mais importante é que ao desenharmos, estamos de alguma forma retratando o nosso EU interior, aquilo que está precisando ser expresso.

Fica como registro do que temos internamente.

Depois de trabalhar com crianças por muitos anos em Ludoterapia e Psicopedagogia, observando a necessidade que a criança tem de expressar – se através do desenho, da arte, da pintura.

Resolvi escrever este livro para relatar e registrar o que representa o desenho para as pessoas e especialmente para as crianças, como avaliar e interpretá-lo, se isto se faz necessário.

Utilizo muito da criatividade do paciente e do aprendiz, para trabalhar conteúdos internos inconscientes. São conteúdos da alma, da origem, da essência, da espiritualidade da pessoa, é uma expressão da fantasia e da imaginação. Esses conteúdos quando expressos podem de alguma forma nos mostrar o que se passa no íntimo de cada um.

O desenho é a forma mais primitiva de comunicação, uma linguagem que o homem da caverna já utilizava fazendo seus rabiscos. Um jeito especial de transmitir conhecimento. Desde os primórdios o ser humano utiliza desenhos para passar ideias, pensamentos, sensações, enfim para comunicar-se, além de ser também uma atividade prazerosa.

Para muitos profissionais o desenho tem um papel importante, ajuda entender o temperamento, o comportamento, o caráter, a personalidade e as necessidades da criança, do jovem e do adulto.

Podemos verificar através dos desenhos os pontos fracos e fortes de cada um, como sente e reage a cada situação, que significado dá para cada coisa. Verificar também quais problemas que estão enfrentando naquele momento, e que percepção tem do mesmo, podendo de alguma forma mediante a expressão visual, resolvê-los.

Tudo é muito louco e maravilhoso, o desenho é a expressão mais pura da alma humana. Podemos com um pequeno rabisco mostrar o que estamos sentindo e o que queremos que o outro saiba do que estamos pensando.

Escrever também é considerado uma forma de desenho dos símbolos significativos.

Partindo do princípio de que o desenho é importante para todas as pessoas, mesmo aquelas que acham que não sabem desenhar, resolvi colocar no papel tudo aquilo que sei a respeito e como faço uso deste material.

Mostrar como você profissional da Psicologia e da Psicopedagogia pode avaliar o desenho do seu paciente ou aprendiz, o que ele quer dizer, como ele estava quando desenhou. Tenho para mim que este é um material muito interessante para quem precisa fazer um psicodiagnóstico, uma análise, uma avaliação através do desenho.

Estou repassando o máximo do que pesquisei, que sei e aprendi durante minha vida profissional. Colocando neste livro toda a minha experiência, tudo que fiz e pratiquei durante todos os anos de profissão.

Minha ideia é criar para o profissional interessado, um manual de avaliação do desenho. Sei que sempre vai ficar faltando alguma coisa, apesar de dar o meu melhor, não tenho a pretensão de achar que coloquei tudo a respeito, mas, o máximo que consegui.

Tenho como objetivo, que este Manual do Desenho, possa ajudar muitos profissionais no desenvolvimento do seu trabalho. Que possa servir também como pesquisa.

Clélia Marília Heusser Azeredo

Agradecimento

Agradeço a todas as pessoas que passaram pela minha vida profissional e que estiveram envolvidas no meu caminhar, proporcionando uma enorme satisfação, dando-me a oportunidade de poder cada vez mais aprender e apreender com eles através da sua produção criativa do desenho, da pintura dos trabalhos manuais com massinha, argila e desenvolvimento de novas técnicas, onde e quando pudemos trocar conhecimentos.

Obrigado por mais este aprendizado.

INTRODUÇÃO

Para iniciar temos aqui um desenho Livre, espontâneo realizado por uma pré-adolescente, durante uma atividade no consultório.

Desde muito cedo a criança aprende a observar, tocar, experimentar... Aprende através de erros e acertos. Aprende fazendo.

Desta forma ela está deixando sua mente fazer associações e adquirir conhecimento e seu corpo participar da ação.

Piaget sempre esteve interessado em descobrir como a criança aprende. Ele entendeu que existe uma lógica no erro, porque errando e corrigindo a criança vai de maneira progressiva absorvendo conhecimento.

Para Piaget – FAZER É COMPREENDER

Primeiro a criança desenha, depois vai entender seus rabiscos, para depois compreender os símbolos que desenhou e as marcas feitas no papel. Na hora que ela identifica o que fez e nomeia seu desenho, ela está desenvolvendo sua capacidade de percepção, observação e lógica.

Inteligência e conhecimento andam juntos, o interesse, à vontade, a necessidade, de descobrir e entender os símbolos, fazem a criança desenvolver seu intelecto.

1. Objetivo

Este livro tem como objetivo poder ajudar os profissionais que trabalham com a avaliação do desenho, Psicólogos – Psicopedagogos – Arte terapeutas e quem mais se interessar em aprender um pouco sobre os desenhos. Faço um estudo minucioso associado à minha experiência profissional. Achei interessante alinhar e ajuntar todos os pontos importantes que precisam ser observados e avaliados quando se fizer a análise do desenho.

2. Esclarecimentos importantes

O desenho de alguma forma representa a expressão Inconsciente do desenhista, é a produção gráfica dos seus conteúdos internos.

Ao observar um desenho o profissional precisa primeiramente ficar atento ao contexto geral dele, sua representação, seu significado, fazendo uma conexão direta com o olhar do desenhista.

Todo desenho precisa ser analisado com muita cautela. Muitas coisas precisam ser levadas em consideração. Não dá para olhar o desenho e fazer uma análise dos conteúdos apresentados de forma generalizada, que pode caracterizar uma forma irresponsável de avaliar o que o desenho expressa.

Cada coisa, dependendo do contexto, tem o seu significado particular e pessoal, precisa ser avaliado de uma forma específica levando em consideração a interpretação de quem desenhou. Não adianta inferir conceitos e valores, pode acontecer de não ser nada daquilo que se imagina e fantasia.

Antes de fazer uma avaliação interpretativa, é muito importante fazer uso de critérios apropriados, porque existe uma variação de significados, cada caso é um caso.

Quando o profissional estiver analisando um desenho, o primeiro passo é entender em que condições ele foi realizado, qual foi o motivo deste desenho acontecer. Saber quantos anos tem a criança, o adolescente ou o adulto que o desenhou, em que fase do desenvolvimento pessoal esta pessoa encontra-se segundo os critérios da teoria de Piaget.

Por que Piaget?

Porque ele foi um grande estudioso do processo de avaliação do desenvolvimento bio-psico-social do ser humano.

Observar e entender, se este desenho foi solicitado ou foi realizado de forma livre e espontânea. Em que momento ele está acontecendo ou aconteceu. Qual mensagem que a pessoa que desenhou está querendo que você saiba e perceba sobre o contexto dele.

Nunca, jamais o profissional pode inferir seus valores e conceitos ao desenho, mesmo porque, somos todos diferentes, com referenciais e objetivos diferentes.

É importante e necessário coletar todos os dados que conseguir sobre o desenho, o que representa e que significado tem para a pessoa que o desenhou. Isto vai facilitar o entendimento e ajudar na avaliação dele. Quando você não consegue entender o desenho e o seu significado não vai conseguir fazer uma avaliação fidedigna.

O que é certo para uma pessoa, pode estar incorreto para a outra pessoa, tudo é uma questão de vivência, aprendizado e história de vida.

Também é muito importante fazer uma diferenciação entre a análise do desenho e sua interpretação. Quando você faz uma análise do desenho você está apenas observando e discriminando como a pessoa desenhou, se é grande ou pequeno, se seu traçado é forte ou fraco, observando a localização do desenho na folha e assim por diante, não está interpretando o porque do desenho, que significado este desenho tem na história da pessoa, o que ela quis representar quando desenhou, como ela está se sentindo, quais as sensações que este desenho está transmitindo.

Analisar significa observar e avaliar os conteúdos gráficos do desenho, enquanto interpretar significa aliar o desenho aos conteúdos internos de quem desenhou, conteúdos conscientes e inconscientes, seus sentimentos e sensações envolvidos na ação. Representa compreender o que se passa no íntimo e na alma do desenhista.

3. Esquema de como realizar a avaliação e análise do desenho

No primeiro momento você vai olhar o desenho de um jeito especial e único; mesmo porque não existem dois desenhos iguais, valorizar o que foi realizado, independente do que o desenhista queria fazer, mas sim o que ele conseguiu realizar.

Procure entender o que a criança ou a pessoa que desenhou está querendo lhe dizer naquele momento com aquele desenho, como ela desenvolveu sua criatividade e imaginação, quais recursos que utilizou, como por exemplo: lápis preto, lápis de cor, pincel, massinha, tinta de várias cores, pintura em tela... Etc.

Observar:

COMO aconteceu: - Se foi um desenho livre e espontâneo, solicitado ou induzido por um profissional;

A forma como a criança imagina e chega à criatividade;

Que recursos ela busca para realizar o que imaginou;

Se realizou o desenho sozinha, com outras crianças, na escola, em casa, ou no consultório – **(desenho livre ou Induzido).**

QUANDO aconteceu- Em que momento realizou a atividade do desenho, como estava emocionalmente, (feliz, alegre, triste, apreensiva, tensa, ansiosa... etc);

Detectar quais os sentimentos envolvidos no momento da realização da atividade do desenho (raiva, amor, carinho, desejo da atenção, de agradar... etc). Caso você não saiba, questione, pergunte o que a criança sentiu quando estava desenhando. Como se sentiu fazendo a atividade. O que aquele desenho significa para ela.

ONDE aconteceu - Em que lugar estava quando realizou o desenho;

Em que momento aconteceu;

Se estava sozinha ou acompanhada;

Se estava em casa, na escola, no consultório ou algum lugar público.

POR QUÊ - O porquê do desenho, necessidade pessoal, vontade, desejo, demonstrar alguma coisa ou expressar seus sentimentos.

Qual foi a ideia, por que quis desenhar?

Como, quando, onde, por que, são dados importantes a serem observados, ajuda ver o desenho de um jeito mais completo, entender o seu significado, associá-lo aos sentimentos envolvidos, as emoções do momento.

Para poder analisar o que este desenho está mostrando, podemos e devemos olhar o tamanho, o espaço que ocupa na folha, seu traçado, tipo de linha, o que faz parte do desenho se é pertinente ou não, se tem movimento, se é simétrico, seu colorido, sua forma, cada coisa tem um significado específico e importante no processo da avaliação e interpretação.

Normalmente um desenho não precisa de interpretação, ele apenas acontece. Serve para expressar um sentimento, uma sensação, um pensamento (ideia) e até mesmo a nossa intuição, que é aquilo que sabemos que pode acontecer, mas não temos como garantir, é apenas uma intuição.

O DESENHO É A MAIOR EXPRESSÃO DA ALMA

Parte I

A IMPORTÂNCIA DO DESENHO NA VIDA DAS PESSOAS

O desenho não é "só" uma forma de comunicação lúdica, é um jeito diferente de expressar nossos sentimentos e sensações. Todos nós gostamos de desenhar, mas nem todos temos esta habilidade desenvolvida, não conseguimos desenhar da forma que gostaríamos, vale aqui entender o aspecto crítico do Ser Humano.

Normalmente as pessoas desconsideram o que desenharam, por não acreditar que realmente está bom ou por esperar que o outro lhe diga o que acha da sua produção.

O desenho também é uma forma de expressar nossa criatividade e estimular o hemisfério direito do cérebro.

- **O hemisfério direito** é responsável pela percepção do Si mesmo e do corpo. Do conhecimento dos símbolos e sinais, da expressão artística e da criatividade.

É responsável também pela nossa sensibilidade, pelas nossas emoções, amizades, relacionamentos, como percebemos e interpretamos as coisas que observamos e vivemos.

Está mais ligado ao subjetivo, as nossas fantasias, sonhos e imaginação.

Tudo que está relacionado aos valores, à ética, ao moralismo, a dança, a elegância, faz parte do controle do hemisfério direito.

- O **hemisfério esquerdo** está mais ligado e direcionado ao racional, a lógica, a memorização, atenção seletiva, a comunicação verbal, a compreensão e uso das normas.

É o nosso lado mais organizador, mais criterioso, gosta de classificar e direcionar nossas atitudes segundo um valor maior, é mais crítico e faz interpretações e interrelações com a realidade pessoal de cada um.

Também não podemos esquecer de considerar o terceiro hemisfério, o cerebelo, aquele que é mais prático e que trabalha com os centros nervosos inferiores, trabalha com a nossa parte física operacional, nossa motricidade, sem esta não poderíamos desenhar, caminhar, nos movimentar.

Está mais ligado ao instintivo, biológico, reptílico, animal. Tem mais a ver com os movimentos do corpo, a nossa orientação prática espacial, também com o nosso raciocínio concreto e absoluto, é objetivo, determinista, trabalha com o nosso tônus e reflexos.

Porque é importante saber sobre o que cada hemisfério do nosso cérebro faz:

- Para podermos entender que somos uma unidade e como tal funcionamos;
- Que uma parte está interligada com a outra e fazem um trabalho interrelacionado;
- Não dá para olharmos apenas para o nosso lado direito, temos que saber que um hemisfério influência o outro, apesar de todas as pessoas terem um hemisfério mais dominante que o outro. É isto que proporciona a diferença entre as pessoas, por isso a multiplicidade de ideias, atitudes e comportamentos.

LÓBULO FRONTAL

Solução de problemas
Julgamento
Inibição de comportamento
Planejamento
Antecipação
Fala (linguagem expressiva)
Expressão emocional
Consciência de habilidades
Automonitoramento
Planejamento motor
Personalidade
Comportamento sexual
Controle comportamental
Limitações
Organização
Atenção
Concentração
Flexibilidade mental
Iniciativa

LÓBULO PARIETAL

Sentido do tato, paladar e olfato
Diferenciação de tamanho, formato e cor
Percepção espacial
Percepção visual
Habilidades acadêmicas
Cálculos matemáticos
Leitura
Escrita

LÓBULO OCCIPTAL

Área de recepção visual
Interpretação visual
Leitura (percepção e reconhecimento)

CEREBELO

Coordenação de movimento voluntário
Balanço e equilíbrio
Refinamento ao sistema motor

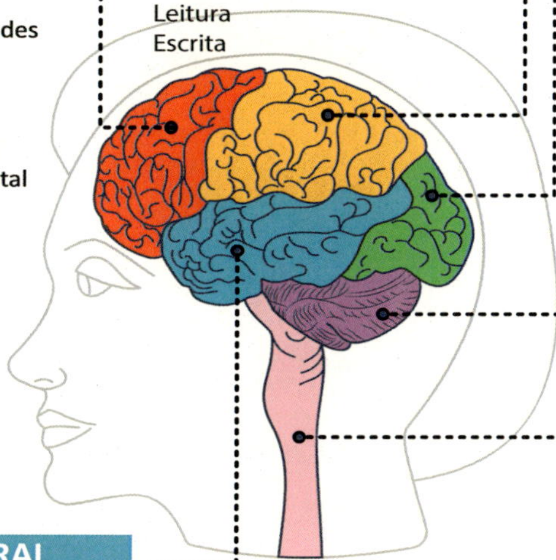

TRONCO CEREBRAL

Sentido do equilíbrio (função vestibular)
Reflexo de ver e ouvir
Sistema nervoso autônomo
Respiração
Digestão
Frequência cardíaca
Deglutição
Consciência
Pressão sanguínea
Temperatura
Estado de alerta
Habilidade para dormir
Sudorese

LÓBULO TEMPORAL

Entendimento da linguagem
Organização e sequenciamento
Recuperação de informação
Consciência musical
Memória
Audição
Aprendizado
Sentimentos

FUNÇÕES CEREBRAIS

Abaixo o mapa para podermos nos localizar visualmente.

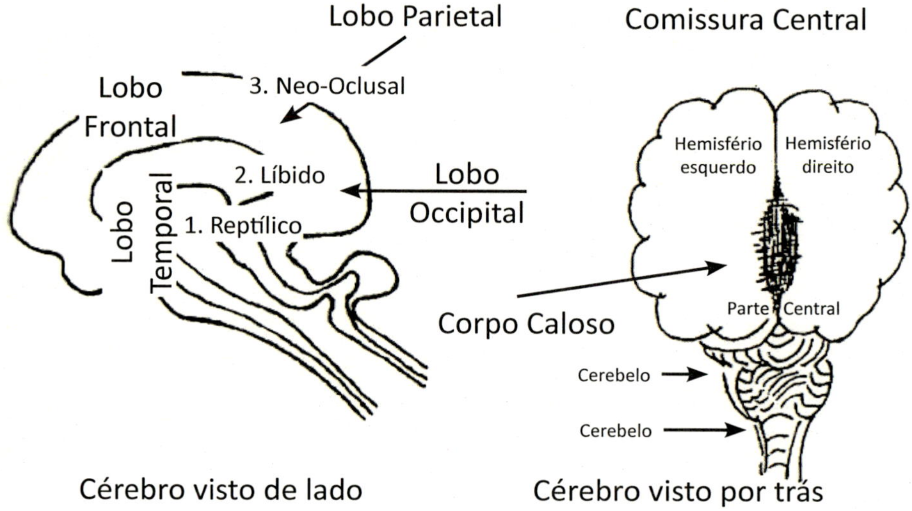

Funções cerebrais e cérebro

Entender o mecanismo do nosso cérebro vai nos ajudar a compreender como funcionamos emocionalmente e sensorialmente. O que cada coisa tem a haver com o nosso comportamento, atitudes e habilidades.

Somos todos sensitivos, segundo Waldemar De Gregori, autor do livro "Os poderes dos seus 3 cérebros", nascemos com poderes mentais para recordar o passado com memória extraordinária para prever o futuro, para ter pressentimentos, para ter intuição, CRIATIVIDADE, ter percepção do global, ter visões, fazer curas fora do comum, enfim, desenvolver fenômenos paranormais, religiosos e espirituais.

Eu particularmente acredito no poder do cérebro, das suas atividades, dos seus poderes, porquê nascemos segundo a imagem e semelhança do Criador. Temos vários poderes, mas não conseguimos utilizar nem 90% da nossa capacidade.

Por isso, entender e estudar a parte neurológica, é permitir que possamos nos desenvolver de forma integral e global. Possamos conhecer e utilizar tudo que temos de melhor para realizarmos as atividades do dia a dia.

Para compreender a função neurológica do nosso sistema neurológico – das nossas funções cerebrais, isto é, como processamos as informações, coloco abaixo o esquema em forma de desenho que retirei do livro de Waldemar De Gregori a título de ilustração.

Ciclo Cibernético do Cérebro (Ciclo de *Feedback* Humano)

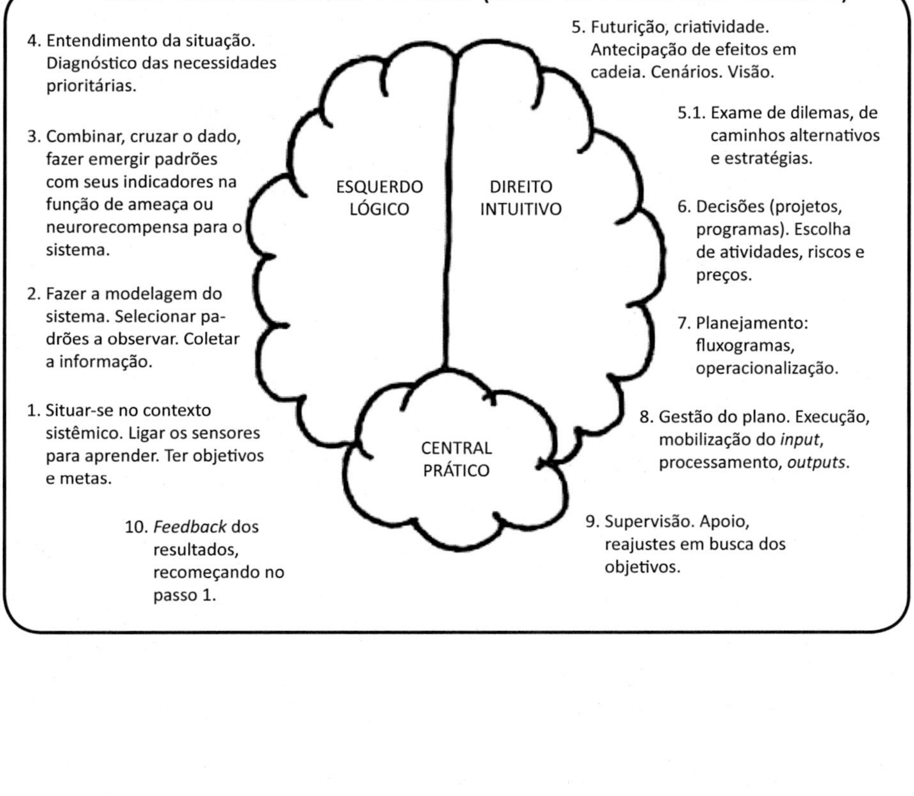

Somos seres em evolução, estamos aqui para aprender, refazer, construir novas possibilidades. Desde o momento que nascemos trazemos conosco vários e diferentes conhecimentos que serão aproveitados à medida que formos nos desenvolvendo. A criatividade, a imaginação, a sensibilidade, as aptidões, os dons, são conteúdo do hemisfério direito intuitivo.

Segundo Nancy Rabello, pedagoga, diz que "O desenho pode ser definido como sendo uma linha que contorna algo, que envolve uma determinada forma" no seu livro O DESENHO INFANTIL.

> Eu entendo o desenho, como a arte de representar sentimentos e sensações de uma forma gráfica, lúdica e artística, podendo ser utilizado diferentes materiais para executá-lo, tais como: Lápis, pincel, massinha, argila, linhas (cordas, barbantes, tecidos...) giz de cera, e os próprios dedos (pintura a dedo) onde tudo é válido para representar uma situação, uma atitude, uma história, uma fantasia e a imaginação.

O desenho pode ser executado em diferentes lugares: no papel, na tela, na cartolina, **na areia da praia, na caixa de areia,** na parede, nos murais, nos livros e cadernos e aonde sua imaginação o levar e permitir.

A criança tem muita facilidade de desenhar, o seu cérebro está em plena conexão com o universo. Ainda é puro e límpido, sem interferências sociais. Ela observa e avalia da forma que entende, fazendo seu registro através do desenho. Quem faz esta conexão com o desenho é o hemisfério direito, que é mais criativo e utiliza com qualidade a imaginação da criança.

Mas, quem põe em prática é o hemisfério esquerdo, que analisa e permite através da compreensão, da ordem, da classificação, da percepção dos detalhes, por em prática o que nossa imaginação e o desejo estabeleceu fazer. Isto não significa que ela desenha com perfeição, mas que desenha com autenticidade aquilo que vê sente e percebe. Sua comunicação com o mundo real é genuína.

Mas, é o hemisfério central o cerebelo que permite desenhar. Ele dá a condição de pegar no lápis e traçar aquilo que vai na nossa imaginação, ele que controla a motricidade e os centros nervosos e a parte operacional.

Isto significa que os três hemisférios precisam estar em sintonia, trabalhando adequadamente, para que se possa realizar as atividades motoras, racionais e criativas.

Todo desenho é uma representação simbólica, única e pessoal. Não existem dois traços iguais, todos são diferentes por mais que sejam parecidos e semelhantes. Cada pessoa tem a sua forma de representar suas sensações e sentimentos, que também vai depender do momento atual vivenciado.

Faço uso da técnica do desenho na caixa de areia quando atendo os pacientes, é extraordinária a resposta que vem do inconsciente. Normalmente quem desenha de forma sensorial, são crianças que estão na requerida fase (pré-operacional) ou que possuem um atraso funcional ou alguma disfunção cerebral.

Esses aprendizes fazem a caixa de areia com as mãos, desenhando no fundo da caixa. A interpretação do que eles estão fazendo é avaliada junto com as emoções (sensações e sentimentos) e vem por via indireta, sendo desenhado na caixa de areia. Esse trabalho é muito significativo e o resultado é maravilhoso.

Exemplo prático do desenho na caixa de areia:

- Desenho realizado pelo aprendiz na caixa de areia, usando apenas as mãos e dedos. Nesta atividade ele não utilizou miniaturas, apenas desenhou o que queria passar (o rei leão) Todo desenho foi elaborado sensorialmente.

- Primeira foto - Momento inicial.

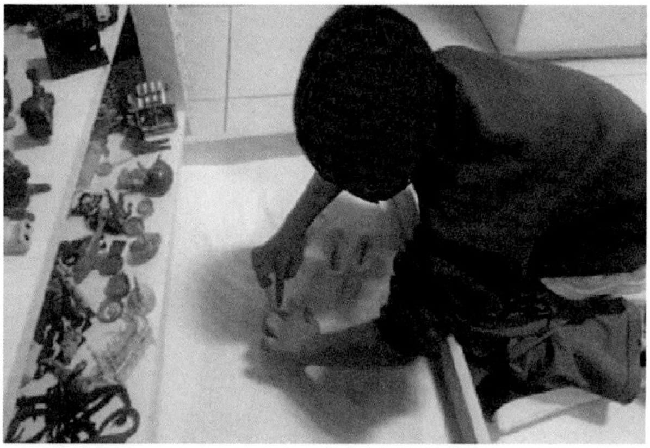

- Segunda foto - Momento intermediário.

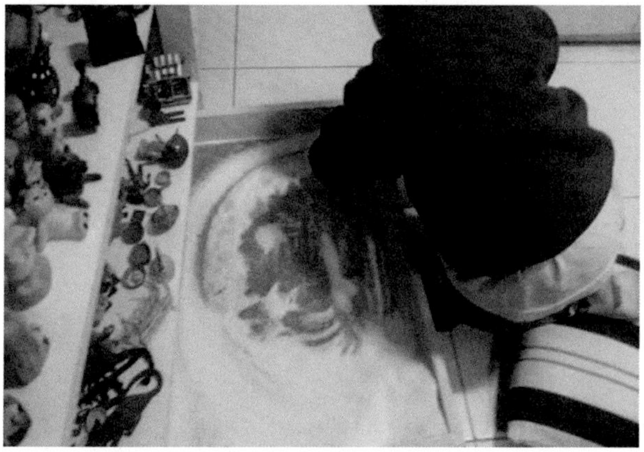

- Terceira foto - Momento final.

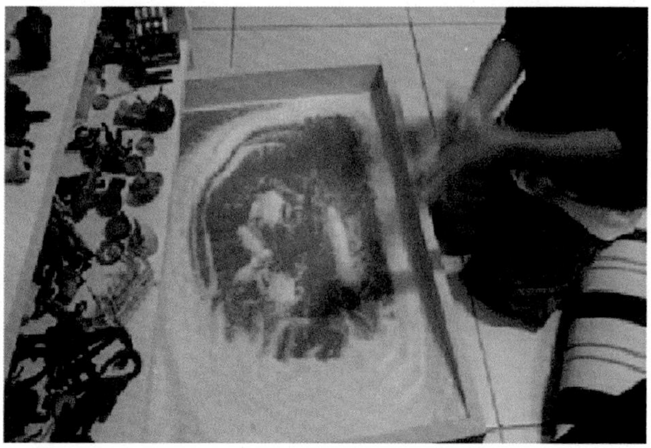

Desenhou o Rei Leão - expressão - Bravo

Foi dada a seguinte orientação:

- Construir uma história na caixa de areia – atividade livre.

O que podemos observar neste exemplo, é que o aprendiz não utilizou miniaturas para construir sua história, como foi solicitado.

Mas, de um jeito especial e natural, conseguiu de forma expressiva passar a ideia do que estava querendo que fosse percebido.

Sensorialmente, ele desenhou o rei leão, rei da floresta, sendo este animal considerado o mais poderoso, mais forte, mais agressivo, que comanda e direciona o grupo.

Se observarem o desenho, você vai perceber que o rei leão está com expressão de raiva, está bravo, agressivo. Com cara de poucos amigos.

O desenho feito na caixa de areia está mais voltado para o lado direito, ocupando quase toda a caixa de areia. Seu tamanho é grande em relação ao espaço da caixa de areia, ocupando mais ou menos ¾ da caixa. (agressividade voltada para fora – lado direito)

Fiz apenas uma pequena avaliação do trabalho realizado na caixa de areia, observando o tamanho, espaço que ocupou na caixa, expressão do desenho, o movimento. Não será interpretado os sentimentos envolvidos por motivos éticos.

A avaliação técnica do tamanho: podemos entender que o desenho é grande, pode estar representando falta de inibição, descarga motora, agressividade. Necessidade de ser observado, reconhecido. Pode estar querendo chamar atenção pela expressão facial de raiva e por ocupar grande parte da caixa de areia.

A avaliação técnica do espaço ocupado relacionado com a avaliação feita na caixa de areia:

Ele utilizou ¾ do espaço, voltado mais para a direita, para fora, para frente, para o futuro. Um lado mais consciente voltado para o social, os relacionamentos familiares e sociais. Seu lado mais racional, mais ativo, mais real, é o lado da ação, da atitude. Direção e progressão.

A avaliação técnica da expressão

Ficou claro o que ele demonstrou no desenho da caixa de areia, o rei leão com uma expressão mais agressiva de raiva.

Fica aqui registrado o trabalho na caixa de areia de uma forma sensorial, como podemos avaliar a atividade como se fosse um desenho, realizado no papel de um jeito diferente.

Sempre existe uma forma diferente de expressar os sentimentos, a imaginação, a criatividade. Toda expressão registrada é passível de avaliação.

Aqui fica claro que o desenho pode ser realizado em várias e diferentes maneiras, formas e locais.

Não podemos nos esquecer que a história da humanidade foi feita inicialmente por registros de desenhos diferentes e variados em locais como pedras e cavernas.

O Ser Humano se comunicava através da sua imaginação e criatividade.

Parte II

COMO ENTENDER A CRIANÇA E SEU DESENHO

Em primeiro lugar, precisamos saber com quem estamos lidando. Quem é essa criança, de onde ela vem, a que classe social ela pertence, como se relaciona na família, com os amiguinhos, enfim na sociedade.

São fatos importantes para entender e definir o **significado do desenho**, partindo do princípio que é uma representação anímica. É necessário e importante conhecer o processo de desenvolvimento da criança.

A criança transforma sua imaginação, sua fantasia, em um processo gráfico de representação quando desenha.

Junto com o desenho, dependendo do seu traçado, do seu jeito de colocar os traçados no papel, do jeito de pintar, rabiscar, podemos entender o que está acontecendo naquele momento, podemos interpretar o que esta criança quis nos dizer, o que ela quer que entendamos.

A sua expressão artística, independe de conhecimento lógico, é registrado pelo lado do hemisfério direito, que elabora suas sensações e emoções, desenvolve sua criatividade. O hemisfério esquerdo vai ajudá-la se orientar para o desenvolvimento do trabalho, ele é organizador e determina e define como deve ser realizado o trabalho.

Um lado do cérebro imagina e cria, enquanto o outro lado executa.

A criança quando desenha está no seu habitat natural, está fazendo o que gosta do jeito que sabe, não está preocupada se está agradando, ou se está certo ou errado, não faz uso dá lógica, apenas desenha e se deixa envolver pelo significado que da para sua produção. Ela é autêntica e genuína.

Por isso, é importante o adulto não criticar, não corrigir e não interferir no que a criança está desenhando. Deixá–la se expressar de forma livre e espontânea. Apenas observar.

Para entender o que ela está fazendo, é preciso saber se o que ela faz tem a haver com aquilo que ela está sentindo no momento, ou já viveu no passado.

Se por ventura você não entender, pergunte o que significa o que ela desenhou, porque fez daquele jeito, o que pretende representar.

Todos somos diferentes, por isso não devemos induzir a criança fazer da nossa maneira, do jeito que aprendemos. Cada um percebe, entende e registra de forma diferente, consequentemente vai desenvolver e desempenhar sua atividade de forma única e especial para si mesmo. É uma relação direta com seu EU pessoal.

Também não devemos colocar os nossos valores no desenho da criança. Não existe o certo e o errado dentro do contexto DESENHO, mesmo que existam critérios para se elaborar um desenho artístico.

Devemos respeitar o desenvolvimento criativo da criança, isto quando ela estiver fazendo um desenho livre. Mas, quando vamos fazer algum teste como o HTP (teste da casa, da árvore e da pessoa) é preciso direcionar o que queremos que ela faça, mas não induzir o jeito de fazer.

Isto também acontece com o teste da família, do par educativo, desenho livre e todos os testes de desenhos que servem para avaliação.

O respeito pela criança e pelo que ela desenhou é fundamental para podermos formar um vínculo positivo. As críticas e correções não são pertinentes quando queremos avaliar e entender o que a criança está fazendo e sentindo.

Eu acredito que a crítica negativa, não faz parte do processo da criatividade, não ajuda o desenvolvimento da imaginação e da fantasia, se for para avaliar, a crítica negativa bloqueia a ação.

A aceitação é o melhor caminho. Tudo que a criança quer, é que você entenda o que ela está fazendo e sentindo. Elas não gostam da interferência do adulto na sua produção. Essa interferência inibe a criação.

Basta observar que quando você faz uma pontuação sobre o que ela está desenhando, de forma positiva ou negativa, a criança para de desenhar, muda seu jeito de ver o desenho ou não quer mais realizar a atividade.

É importante sempre esperar que a criança evidencie o que está fazendo, termine seu desenho para depois questionar o que ela quis dizer com aquilo que ela desenhou, o que representa para ela o seu desenho.

A crítica negativa sempre atrapalha a produção, pode até desmotivar a criança continuar o desenho, ou mesmo desistir de desenhar durante sua vida, ou seja, negar que gosta de desenhar, achar que faz tudo errado, é feio, que não sabe desenhar... Tudo depende de como ela é aceita, de como ela é observada e avaliada por outra pessoa, principalmente seus entes queridos.

Alguns exemplos de desenhos de crianças:

- Desenhos de crianças na fase sensório motor – pré-operacional até os sete anos.

Amostras de desenhos livres

Desenho da família

Criança

Obs: cada um dos desenhos tem significados diferentes, são desenhos bem simples e primitivos de crianças pequenas em fases e períodos iniciais do desenvolvimento cognitivo, estão começando a ter noção de como estruturar suas ideias e pensamentos.

Os desenhos TAMBÉM atravessam várias etapas, fases e períodos segundo os conceitos estabelecidos por Piaget, vão progredindo de forma ascendente.

- **Sensório motor** – até os dois anos;
- **Pré operacional** – dos dois anos até os sete anos;
- **Operatório concreto** – dos 7 aos doze anos;
- **Período de operações formais** – 12 aos 15 anos (adolescência).

Em cada uma destas fases a criança expressa seus sentimentos e sensações de um jeito diferente e especial. Começa com rabiscos descoordenados, formas irreconhecíveis, para ir aos poucos estruturando sua ideia e o seu jeito único de expressar seus pensamentos e sentimentos desenvolvendo sua criatividade.

Na primeira infância a criança não consegue expressar de forma coerente o que está querendo passar, ela mais vive o desenho do que expressa uma ideia, isto acontece entre um ano e meio até mais ou menos dois anos. Podemos entender que a criança ainda não está pronta e com pouca maturidade, sua motricidade ainda está em desenvolvimento para segurar um lápis com segurança e desenhar. Ela começa com rabiscos, irregulares, que podem ser com um traçado leve inseguro ou forte agressivo. É quando começa entender que pode expressar o que está sentindo, mesmo que seus rabiscos não estejam estruturados.

Estas sensações são mais visíveis quando a criança desenha com lápis de cor ou lápis preto, fica mais difícil identificar quando ela usa canetinhas coloridas, porque não se pode determinar a intensidade da ação, apenas se ela fez movimentos mais agressivos.

A imagem a seguir é de uma criança de mais ou menos 4 anos demonstrando rabiscos e movimentos motores descoordenados. Não existe um desenho estruturado, mas um desenho que expressa seus sentimentos.

A criança desde muito cedo utiliza o desenho; mesmo que sejam alguns rabiscos, para demonstrar o que não conseguem se expressar com palavras. As vezes os desenhos são irreconhecíveis pelos adultos, mas fazem todo sentido para a criança que está desenhando, por isso o mais importante neste momento é perguntar o que ela fez, como entende o que fez, procurar entender que significado a criança deu para o seu desenho.

Sempre que avaliar e analisar o desenho infantil, não se preocupe com sua precisão nem perfeição estética, observe o conteúdo consciente e inconsciente. O mais importante é deixar que a imaginação infantil se expresse com liberdade. A criança precisa sentir prazer no que está realizando.

Normalmente a criança se envolve por inteira quando está desenhando, observe que ela as vezes conversa com o desenho, canta quando está desenhando, faz uso da sua imaginação de uma forma criativa e prazerosa.

Toda criança se realiza quando está envolvida com o seu desenho. Sente prazer em mostrar aquilo que trás dentro de si mesmo. A criança é livre, ingênua, sincera, autêntica e espontânea quando realiza o que lhe dá prazer.

Prática e interpretação de desenhos

Quando você for analisar o desenho, vai precisar estar bem atento a todos os detalhes.

Eles vão lhe ajudar entender o que seu paciente ou aprendiz está sentindo no momento.

As emoções e os conteúdos arquetípicos do inconsciente estão presentes na realização da atividade do desenho, assim como na atividade da Caixa de Areia. Dentro da psicologia de C. G. Jung significa: aquilo que está no âmbito do inconsciente coletivo e tende a ser compartilhado por toda humanidade.

O desenho representa o que seu paciente É e consegue realizar. Sua alma, sua essência está presente durante à expressão das suas funções.

A seguir fiz um esquema para orientação rápida do que é importante ser observado no desenho. Especifiquei alguns detalhes que não podem ser esquecidos, mais para frente vou comentar mais minuciosamente sobre o que você precisa observer e prestar atenção de como foi executado.

Como avaliar o desenho do seu paciente ou aprendiz - de forma geral

1. Dividir a folha do desenho em quadrantes.

2. Observar a localização do desenho na folha e seus significados.

3. Desenho mais:

- ❑ Centralizado
- ❑ Direita
- ❑ Esquerda
- ❑ Superior
- ❑ Inferior

4. Observar o significado de cada espaço na folha, segundo seu quadrante.

5. Avaliar o tamanho do desenho em relação a folha:

- ❑ Exagerado – saindo do papel
- ❑ Muito grande
- ❑ Grande
- ❑ Médio
- ❑ Pequeno
- ❑ Muito Pequeno

6. Tipo de linha:

- ❑ Linha grossa
- ❑ Linha fina
- ❑ Linha media

7. Tipo de traçado:

- ❑ Continuo
- ❑ Avanços e recuos
- ❑ Interrompido
- ❑ Trêmulo

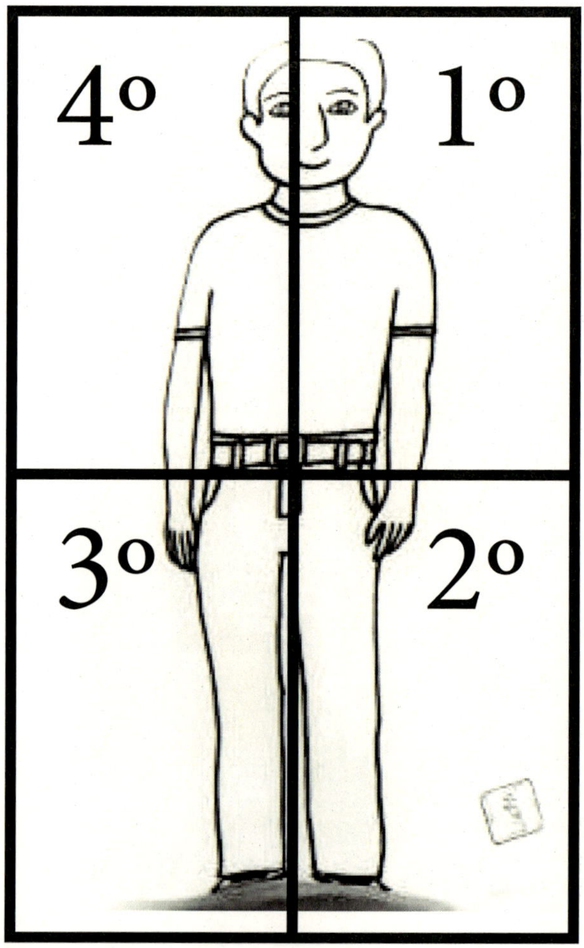

8. Predominância das linhas:

- ❑ Retas
- ❑ Curvas
- ❑ Angulares

9. Observar se faz correções e retoques

10.Omissão de caracteres

11. Se queria ou não Desenhar

12. Como realizou a atividade:

- ❑ Feliz
- ❑ Com restrições
- ❑ Com mal humor
- ❑ Com raiva
- ❑ Obrigado
- ❑ Resistente

13. Observar se fez só o que foi solicitado ou desenhou mais alguma coisa.

No desenho da árvore observar

- ❑ Tipo de árvore
- ❑ Tamanho
- ❑ Localização
- ❑ Com raiz ou sem raiz;
- ❑ Se o tronco é fino ou grosso
- ❑ Se tem frutos ou flores
- ❑ Se tem mais alguma coisa
- ❑ A forma como desenhou o tronco
- ❑ Como é a superfície do tronco – lisa ou rugosa – áspera ou arranhada
- ❑ Se o tronco é reto ou inclinado – tem alargamento ou estreitamento
- ❑ Se tem um buraco no meio do tronco- ou tem um Galho abaixo da copa;
- ❑ Como desenhou a copa – grande ou pequena
- ❑ Estilo bola ou estilo nuvem
- ❑ Se tem galho ou não – como foi desenhada
- ❑ Copa em anéis ou linhas confusas
- ❑ Se tem espaços vazios ou a copa é achatada.

No desenho da família ou pessoa, observar

- ❑ Se os personagens tem cabelo ou não;
- ❑ Quantidade de cabelo - longo ou curto;
- ❑ Muito ou pouco cabelo.

- **Como desenhou os olhos:**
- ❑ Abertos ou fechados;
- ❑ Com pupila ou sem pupilas;
- ❑ Grandes ou pequenas;
- ❑ Com expressão ou sem expressão.

- **Como desenhou o rosto – formato do rosto:**
- ❑ Grande ou pequeno;
- ❑ Expressivo ou inexpressivo;
- ❑ Feliz ou triste;
- ❑ Com raiva ou irritado;
- ❑ Que tipo de sentimento transmite.

- **Como desenhou o nariz – símbolo fálico – de frente ou de perfil:**
- ❑ Grande ou pequeno;
- ❑ Médio ou pontinhos no lugar do nariz.

- **Boca – Zona erógena – orgão de fixação precoce:**

- [ ] Grande;
- [ ] Media;
- [ ] Pequena;
- [ ] Côncava;
- [ ] Oralmente receptível;
- [ ] Aberta;
- [ ] Fechada;
- [ ] Lábios finos ou grossos;
- [ ] Língua;
- [ ] Dentes;
- [ ] Observar se omitiu alguma coisa.

- **Orelhas:**

❑ Grandes;

❑ Médias;

❑ Pequenas

❑ Com mais detalhes;

❑ Distorção da forma;

❑ Omissão.

- **Pescoço:**

❑ Comprido;

❑ Curto;

❑ Estreito;

❑ Grosso;

❑ Se omitiu alguns carateres faciais.

- **Tronco:**

❑ Reto ou inclinado

❑ Em movimento

❑ Linhas suaves ou arredondadas;

❑ Distorção da forma;

❑ Omissão do tronco;

❑ Tórax grande ou Pequeno;

❑ Seios.

❑ Cintura;

❑ Nádegas;

❑ Zona Genital.

- **Braços – finos – longos - estreitos – curtos:**

- ❑ Mãos – muito grandes – pequenas – médias;
- ❑ Dedos- sem a palma da mão
- ❑ Finos feito palitos;
- ❑ Cerrados;
- ❑ Compridos – curtos;
- ❑ Articulados;
- ❑ Punho cerrado...

- **Pernas:**

- ❑ Longas ou curtas
- ❑ Fortes ou frágeis;
- ❑ Estreitas – palitos;
- ❑ Médias no comprimento e na grossura;

- **Pés e dedos - Se está apoiado ou solto no papel:**

- ❑ Omissão;
- ❑ Compridos ou curtos;
- ❑ Calçados ou nus;

- **Observar detalhes - se colocou roupas e acessórios:**

☐ Botão;

☐ Zíper;

☐ Cinto;

☐ Se está em roupas de sair ou de dormir (pijama);

☐ Uniforme;

☐ Gravata;

☐ Traje de banho;

☐ Nu;

☐ Com roupas íntimas;

☐ Se tem bolsos ou não;

☐ Chapéu;

☐ Adornos – adereços;

☐ Todos os detalhes realizados merecem ser observados e analisados, são importantes.

PARTE III

INTERPRETAÇÃO DO DESENHO

COMO COMEÇAR A INTERPRETAR O DESENHO QUANDO VOCÊ ESTÁ APLICANDO TESTES COMO:

- Testes projetivos
- HTP (casa / árvore / pessoa);
- PAR EDUCATIVO – (quem ensina – quem aprende);
- OS QUATRO MOMENTOS DE UM DIA;
- DESENHO LIVRE.

O desenho é considerado um material projetivo, isto é:

Quem estiver desenhando está de alguma forma projetando seus conteúdos internos, sua forma de sentir, pensar (ideias), suas sensações e intuição.

O desenho favorece a representação de três processos:

1. O PROCESSO ADAPTATIVO – que se refere a adequação da produção gráfica ao tema e a evolução do grafismo de acordo com a faixa etária e o nível sociocultural da pessoa.

2. O PROCESSO EXPRESSIVO – corresponde a forma que o aprendiz ou a pessoa vai expressar o que percebe, uma expressão mais direta da sua vida interior, a maneira de andar, sentar-se, a expressão faciais, toda a comunicação não verbais da sua personalidade individual.

3. O PROCESSO PROJETIVO – Corresponde a forma como o aprendiz ou a pessoa, vai colocar seus sentimentos e emoções, seu jeito de entender e interpretar o que percebe e o que vive.

Existe uma diferença entre analisar o desenho e interpretá-lo

Aqui está apenas alguns exemplos dos detalhes que precisam ser observados e considerados na hora de avaliar / analisar o desenho.

- **Você deve considerar:**

- O tamanho do desenho em relação a folha;
- O espaço que ocupa na folha;
- Seu traçado, se é forte ou fraco;
- Se tem avanços e recuos;
- Sua forma e textura,
- O que contém o desenho, dentro do que a criança ou aprendiz quis expressar,
- Os detalhes do desenho, se tem ou não coerência e bom senso.
- Vai olhar se está completo ou incompleto.
- Que tipo de linhas são predominantes – retas ou curvas;
- Se tem muitas correções e retoques;
- Se pintou ou não;
- As cores predominantes...

- **Precisar os detalhes:**

Como, por exemplo, quando o aprendiz desenha uma casa (HTP) devemos observar:

- Se a casa tem janelas - (quantas são- se estão abertas ou fechadas);
- Portas, se está trancada ou aberta, se tem fechadura ou não - (se é da frente ou lateral);
- Se é transparente ou não, (quando digo transparente é ver se a criança desenhou o que se passa dentro da casa – como por exemplo os móveis as escadas);
- Se desenha só o desenho da planta da casa;
- Se está apoiada no chão ou está voando;
- Se tem tijolos aparentes ou apenas está pintada;
- Se tem telhado e de que forma está colocado;
- Se o aprendiz colocou chaminé ou não.
- Se a casa é grande ou pequena;
- O que tem ao redor;
- Se a casa é desenhada sozinha, ou tem mais alguma coisa no desenho.
- Todos os detalhes disponíveis precisam ser observados e relacionados com a forma de desenhar e dar significado para o desenho.

Estes são apenas alguns dos detalhes que se deve observar na análise do desenho, existem várias e diferentes alternativas a serem observadas. Tudo que o aprendiz desenhou precisa ser analisado, verificando o seu significado naquele contexto, observar também se faltou alguma coisa que poderia ter complementado o desenho ou que faz parte da realidade social, mas, que não foi colocado por diferentes motivos. Quando você não souber o significado de alguma coisa no desenho, pergunte o que significa determinada coisa.

Tudo vai depender do objetivo da análise, da idade da pessoa, da criança, (do aprendiz). Vai depender também se o desenho foi feito de forma livre sem indução, ou se foi solicitado que ele fizesse determinada coisa. Se estava sendo observado ou não, se estava sozinho ou em grupo, na escola ou em casa, se queria ou não desenhar.

Nunca esquecer de perguntar sobre o significado daquele desenho para o desenhista (criança / aprendiz – adolescente - adulto). No teste projetivo do HTP é importante e necessário que se faça um inquérito sobre o que a pessoa desenhou. (casa/árvore/pessoa).

Para que possamos entender a representação simbólica e seu significado, temos que sempre questionar sobre o que a pessoa (criança / aprendiz – adolescente - adulto) fez, porque fez, e o que estava pensando quando realizou a atividade. De maneira geral, quanto mais questionamos sobre o desenho realizado, mais elementos temos para interpretação - (isto não significa que vamos ter todas as respostas que queremos e precisamos).

.

Parte IV

TÉCNICA DE OBSERVAÇÃO E CORREÇÃO DO DESENHO

Voltando ao princípio, temos o cérebro que é divido em três grandes hemisférios. DIREITO / ESQUERDO E CENTRAL.

O cérebro é um mini-computador, bem mais preciso. Recebe informações como inputs, combina-as e transforma segundo o que entendeu e o que precisa, emitindo comandos ou reações, que denominamos outputs, reações que são manifestadas através de atitudes e comportamentos. Ele é um conjunto de sistemas energéticos ou eletromagnético de células que se chamam neurônios.

No desenho também podemos olhar desta maneira, é mais uma forma de visualizar e corrigir e interpretar o desenho de forma cognitiva.

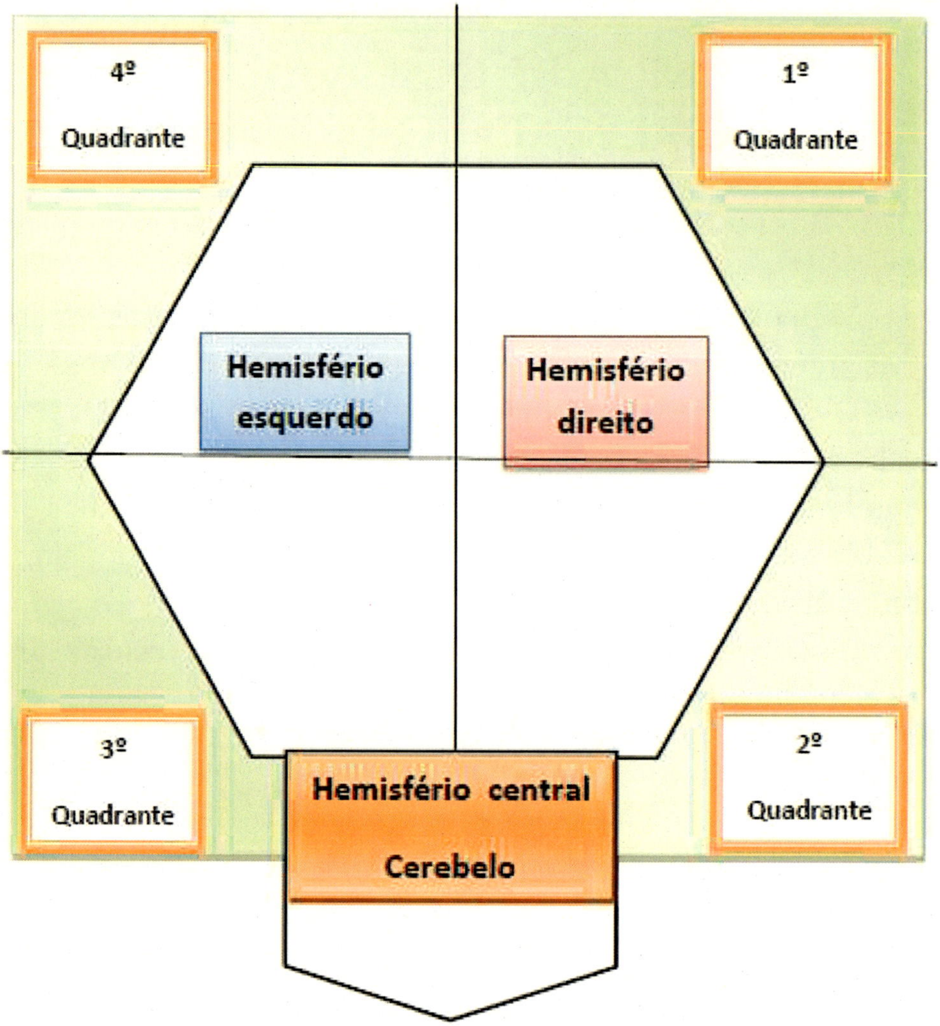
4º
Quadrante
1º
Quadrante
Hemisfério esquerdo
Hemisfério direito
3º
Quadrante
Hemisfério central
Cerebelo
2º
Quadrante

Avaliando o desenho

Observo o trabalho feito com as cores, com as formas, com o espaço em que o desenho ocupa, relacionando com cada hemisfério e a localização na folha, podemos avaliar o desenho de um jeito diferente.

Essa é uma forma de trabalho que utilizo há muitos anos, com bons resultados.

Cada hemisfério do cérebro é responsável por alguma coisa.

No primeiro quadrante e segundo quadrante temos o hemisfério direito, ele é responsável pela criatividade, pelas coisas mais subjetivas.

HEMISFÉRIO DIREITO – responsável:

- Pelas emoções afetividade;
- Pela fé;
- Representação não verbal;
- Percepção de si e de seu corpo;
- Conhecimento dos símbolos e sinais
- Relacionamentos;
- Moralismo;
- Ética;
- Vaidade;
- Orientação espacial;
- Mais intuitivo;
- Autoestima, melindres – sensibilidade;
- Determinação dos conceitos e valores.

No primeiro e segundo quadrante podemos perceber como a criança se expressa no mundo, se é mais voltada para o exterior (externo), como ela identifica o que acontece com ela, seu contato ativo com a realidade, quais seus projetos para o futuro, sua percepção de como ela pode ajudar as pessoas, seus relacionamentos. Como age e reage no social, se é teimosa, se é obstinada, se é impulsiva.

Podemos observar também se é vaidosa, como se autoavalia, sua sensibilidade. Todos os conceitos relacionados com o hemisfério direito.

No terceiro e quarto quadrante temos o hemisfério esquerdo, que é responsável pelo seu lado mais racional, mais crítico, mais lógico e analítico;

Ajuda você perceber e entender como lida com os conflitos, se é mais racional ou emocional, se é egoísta, se está fixada no estágio primitivo do desenvolvimento com reações que podem ser passivas ou impulsivas, como reage diante dos acontecimentos, se é inibida, reservada ou nostálgica.

Podemos observar seu comportamento como sendo mais introvertido, voltado para dentro, para o Si mesmo, que pode ser avaliado como a pessoa acredita que os outros podem lhe ajudar.

Olhando se o desenho está localizado na metade inferior, podemos dizer que:

- Está mais voltado para o materialismo;
- Fixação a terra, mais aos conteúdos do inconsciente;
- Mais ligado ao seu desempenho motor, e o seu modo de lidar com o seu dia a dia, mais prático.

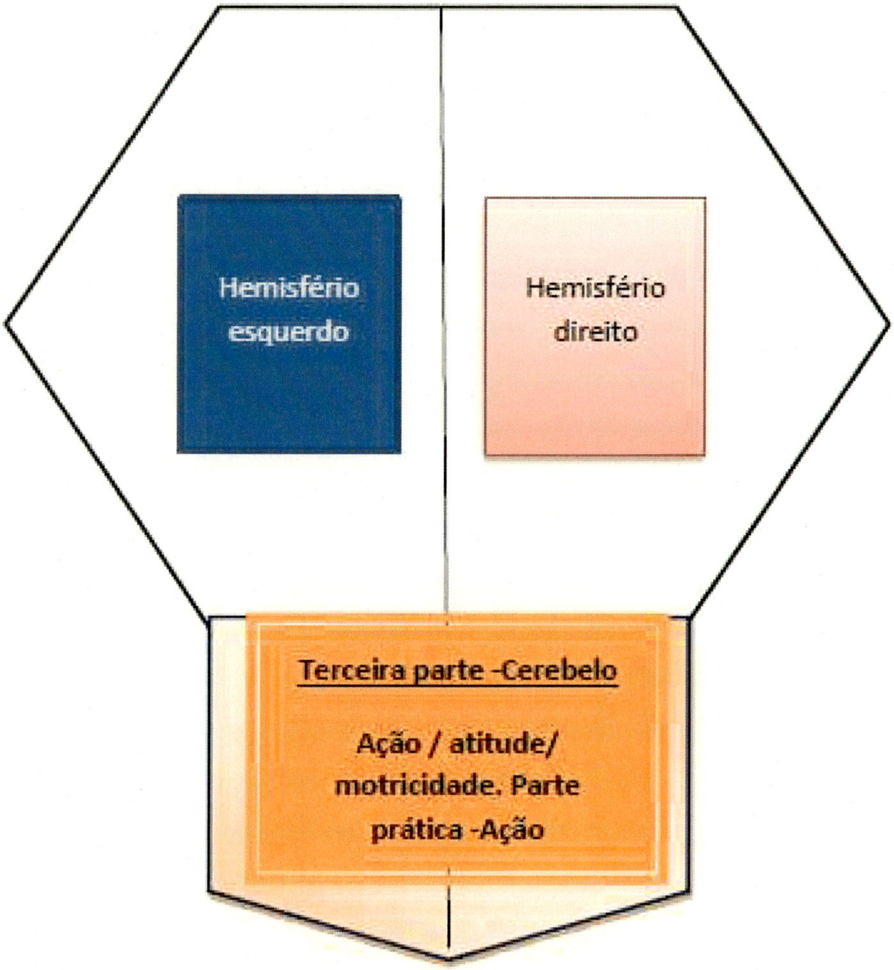
Hemisfério esquerdo
Hemisfério direito
Terceira parte -Cerebelo
Ação / atitude/ motricidade. Parte prática -Ação

HEMISFÉRIO CENTRAL – Corresponde ao cerebelo

O Cerebelo fica na porção central (próximo a nuca) – responsável pela coordenação motora ampla. Isto quer dizer responsável pelos movimentos. Pela forma de caminhar, pelo tato, pela independência nas execuções das tarefas.

Tudo relacionado a eficiência em educação física, movimentos, lateralidade, organização pessoal e dos pertences.

Responsável também pelos trabalhos manuais e disposição geral para ação.

Participação em experiências e trabalhos práticos. Disciplina, preocupação com o dinheiro, seu manejo e o poder de compra.

- Caminhar;
- Correr;
- Gesticular;
- Sentar-se;
- Levantar -se;
- Ficar de pé;
- Proporciona independência na execução das tarefas;
- Responsável pela lateralidade;
- Eficiência na educação física;
- Resistências física e mental;
- Responsável pelas atividades manuais;
- Disposição geral para ação.

Só não podemos esquecer que no cerebelo tem o cruzamento das vias nervosas, que podemos decifrar como: tudo que está no cérebro direito (coração / alma) corresponde ao lado esquerdo do corpo e vice-versa.

No primeiro quadrante (lado direito superior)

Podemos observar todo o movimento do lado direito do cérebro, seu lado mais criativo e imaginativo, relacionado com o feminino, seu lado artístico, mas que em contrapartida, está mais acima, mais no ar, mais imaginação e fantasia, está voltado para céu, assim como o quarto quadrante, mais distante da terra, do chão (metade superior).

No segundo quadrante (lado direito inferior)

Podemos observar todo movimento do lado direito do cérebro, com a diferença que o que estiver desenhado neste quadrante está mais próximo a terra, ao chão, a realidade, é o espaço mais consciente ligado a mãe, sua relação primordial e corporal. Pode também representar necessidade de proteção, estrutura, sentimento de insegurança e inadequação. (metade inferior).

No terceiro quadrante (lado esquerdo inferior)

O desenho mais voltado para o lado esquerdo do papel, da caixa de areia, do espaço que o aprendiz está realizando a atividade, podemos associar com uma expressão mais introvertida, voltada para dentro, voltada para o Si mesmo, seus conteúdos internos. O lado mais egocêntrico do aprendiz.

Olhando o desenho, realizado mais do lado esquerdo inferior, podemos associar a todo o movimento do lado esquerdo do cérebro, com o olhar mais voltado para o racional, para tudo que estiver mais próximo a terra, mais inato, mais profundo, mais impulsivo e inconsciente. É um lado mais voltado para as coisas mais delicadas relacionadas com o comportamento da pessoa, que ainda não está reconhecido.

No quarto quadrante (lado esquerdo superior)

Podemos observar tudo que estiver ligado a sua essência espiritual, aquilo que ele acredita que leva fé, sua lógica, a razão do acreditar, seu lado mais masculino, *yang*, seu lado mais analítico e observador, diz respeito a sua intimidade, tudo mais próximo ao si mesmo. Grandes objetivos, possivelmente inatingíveis, porque estão no plano da fantasia e imaginação. Está também relacionado com ar, distanciamento.

De forma geral podemos entender que:

Parte superior: relacionado com distanciamento, ar, fora da realidade. Com a fantasia, imaginação.

Parte inferior: relacionado com chão, terra, realidade, estrutura, tudo mais próximo ligado ao Eu ao Si mesmo. - Também com a impulsividade, e conteúdos inconscientes.

HEMISFÉRIO ESQUERDO responsável: lado mais lógico e analítico

Mais preocupado em organizar as ideias e pensamentos, avaliar e tirar conclusões após ter informações dos três lados, fica atento e observa os acontecimentos com detalhes precisos sem torcer os fatos, argumentar em cima de dados concretos e não de emoções. Preocupado em elaborar definições operacionais.

- Sua atenção é mais seletiva e intencional, faz uso da memorização;
- Compreensão e uso das normas;
- Preocupado com a comunicação verbal, quantidade de vocabulário, correção;
- Compreensão das ordens e comandos;
- Avalia de forma crítica e objetiva;
- Tem um grau de captação da realidade, hábitos de aprendizagem;
- Coordenação de maxilares, lábios, língua, respiração na fala;

Este hemisfério está mais associado a lógica e a razão, ao masculino (pai), racional e pessimista, responsável pelo raciocínio abstrato, com a tese, antítese, com a linguagem de causa e efeito, cálculo, sequência ....

É responsável por tudo que representa e se refere ao consciente, usando sempre a razão, sendo bem analítico e lógico.

TECNICA DE OBSERVAÇÃO E CORREÇÃO DO DESENHO (específica)

No desenho da figura humana (HTP), tudo tem um significado importante a ser observado e interpretado, o homem é aquilo que ele expressa no desenho.

Sempre que o profissional for aplicar o HTP (desenhos da casa, árvore e figura humana), ou um desenho livre, ou o par educativo – ou desenho da família, é importante e necessário que se faça um questionamento com a pessoa que está desenhando sobre o que representa este desenho para ela, o que está sentindo, e mais algumas perguntas pertinentes para esclarecer e ajudar o profissional entender a representação do desenho em questão.

Desenho da figura humana - (HTP)

A figura humana que a pessoa desenha, representa como percebe seu lado feminino e ou masculino. Como lida com a sua natureza interna. Mostra o que sente e pensa a respeito.

Sempre no teste do desenho, principalmente no "HTP – É importante e necessário que se faça um inquérito sobre o desenho que está sendo executado.

As perguntas realizadas vão dar um parâmetro de avaliação sobre o que a pessoa está sentindo e o que ela quer dizer com o desenho que está realizando.

Uma ideia do que perguntar no inquérito:

- Essa pessoa você conhece?
- O que acha que ela está fazendo agora neste desenho?
- Quantos anos ela tem?
- É casada? Tem filhos? Menino ou menina?
- Trabalha no que?
- O que esta pessoa gosta e não gosta de fazer?
- Tem muitos ou poucos amigos?
- É alegre ou triste?
- No que ela gosta de se divertir?
- É bonita?
- Qual a parte do seu corpo que mais gosta?
- Tem saúde?
- É feliz?
- Estuda?
- Em que ano da escola ela está?
- Tem muitos ou poucos amigos?
- O que ela quer ser?
- É inteligente?
- O que ela está fazendo agora?
- O que mais preocupa esta pessoa?

DESENHO DA PESSOA – HTP
significa: como lido com o masculino e o feminino

Necessidade sexual e vitalidade sensual

OUVIDO = Órgão relativamente passivo - recepção de impressões – atenção susceptibilidade as criticas sociais.

OLHOS = expressão da alma – controle – percepção – sedução.

NARIZ = simbolismo fálico (pênis) ligado ao estereótipo social – ligado a agressividade.

BOCA = relativo a oralidade – observar a expressão /sentimentos /erotismo...

OMBROS = preocupação com o poder físico-quando quadrados – atitudes hostis, super defensivos – quando pequenos e delgados sentimento de inferioridade – inadequação.

MÃOS = contato físico – afetivo – manipulação – agressividade – masturbação.

BRAÇOS = contato – coisas e pessoas – troca da afetividade. Dominar – produzir – eficiência – agressividade.

PÉS = contato com o solo – terra – chão- envolve movimento – direcionam o caminho – estabilizam o contato – equilíbrio.

MURAL DO CORPO

CABELO = Relacionado com a sexualidade – abundante / escasso – desejo de virilidade – falta de virilidade – narcisismo ...

OLHOS = Órgão básico de contato com o mundo exterior – observar os detalhes – Observar o tamanho e a expressão.

PESCOÇO = Ligação entre o racional e emocional – controle das emoções e instintos.

TÓRAX = observar como foi desenhado – grande – pequeno com seios acentuados – cintura – coração centro das emoções.

CINTURA = Dividir duas partes do corpo superior e inferior – pode representar ansiedade se for enfatizada. Regressão na esfera sexual – forte conflito entre a expressão e o controle do impulso sexual.

PERNAS = Estrutura – estabilidade – segura – mantém – suporte – equilibra o corpo – sustentação - locomoção.

No inquérito você pode investigar mais o que você achar pertinente segundo o que você percebe e entende sobre o comportamento da pessoa, segundo a sua idade e sexo, se é criança, adolescente ou adulto. Tudo vai depender da pessoa que você está atendendo e do que ela está desenhando se é adulto, criança ou adolescente, se é masculino ou feminino.

NA HORA DE ANALISAR O DESENHO

Observar a textura do desenho, o tipo de traçado, se é forte, fraco, se é contínuo ou interrompido, se tem avanços e recuos. Observar se é muito grande ou muito pequeno. Se está muito em cima ou muito embaixo da folha do papel, do lado direito ou esquerdo, se virou ou não a folha. Tudo no desenho tem o seu significado na interpretação.

Agora vou detalhar um pouco como se interpreta um desenho, para que todos possam entender como é feita a avaliação.

Sempre existe aspectos positivos e negativos de cada coisa que a pessoa, a criança ou o aprendiz desenhou, tudo vai depender do histórico de vida do paciente, e do que você percebe sobre seu jeito de ser e se comportar.

OBSERVAR

- Tamanho e espaço que ocupa na folha cada personagem;
- Observar também por onde o desenho começa a ser realizado. (de cima para baixo ou de baixo para cima).
- A primeira coisa a ser observada é como foi feito o desenho, se está solto no ar, ou se está apoiado no chão ou na barra

do papel, qual sua localização, mais a direita ou mais à esquerda, ou está centralizado.

- Observar também em que quadrante ele está localizado. (1º/2º/3º/4º)
- Se está solto no ar – podemos inferir que usa muita imaginação. muita fantasia, pouca realidade, é sonhador - (voando)...
- Se está na barra do papel podemos inferir que é uma pessoa que tem necessidade de segurança, estrutura., demonstra estar insegura, precisa de apoio e proteção. Orientação para o concreto, inadequação, depressão.
- Ou uma pessoa segura de si, que acredita estar pautada em seus valores e critérios. Tudo vai depender da história da pessoa que está realizando a atividade (criança – adolescente – adulto).
- Se desenha uma linha no chão – está representando que está dentro da normalidade, nada a interpretar. Sente-se apoiado, seguro.
- Se é muito grande = autovalorização, agressividade, fora da realidade, grandes aspirações, frustrações das aspirações intelectuais.
- Se é muito pequeno = desvalorização pessoal, timidez, insegurança, fortes sentimentos de inadequação, inferioridade, inibição, emocionalmente dependente.
- Se o tamanho é considerado normal - nem muito grande ou pequeno, podemos entender que apresenta um equilíbrio emocional.
- Se omitiu ou acrescentou alguns caracteres na figura humana - tudo faz parte da análise do desenho. Dependendo

do que foi omitido podemos interpretar como falta de, ou dificuldades.

- Se o desenho está completo, não falta nada, tem cabeça, tronco e membros, podemos compreender que não existe nada interferindo nos conceitos e valores adquiridos, que existe um equilíbrio emocional e nada a interpretar;
- Caso esteja faltando alguma parte do corpo humano, pode estar relacionado com uma dificuldade específica do aprendiz, da pessoa, da criança ou adulto (escrever, ler andar, pensar, sentir...)

Cabeça

Observar a forma como desenhou a cabeça, se grande ou pequena, de lado ou de frente, se deu ênfase ou não. A cabeça de uma forma geral representa a área intelectual, racional, como controla o corpo, a realidade e as fantasias. Podemos também entender como se percebe, se está muito pensativa, se tem algum assunto que o incomoda neste momento.(olhar presente ou distante. Sem desconsiderar seu lado mais egocêntrico, querer que a perceba como aquela que é capaz, inteligente, que pensa bastante e tem boas ideias.

Cabelo

- Verifique se desenhou a pessoa com muito cabelo / comprido = sentimento de importância X potencial – agressividade, sentimento de força. Também relacionado com necessidades sensuais e com a vitalidade sexual.
- Pouco cabelo / curto = impotência, inseguro, sentimento de incapacidade, inadequação, deprimidos ou socialmente inadaptados.

- Expressão do personagem: (relacionado com os caracteres faciais)
- Triste, alegre, zangado com raiva, inexpressivo. = (sentimentos) associado a expressão das emoções.

Olhos, nariz a boca

- Boca – grande ou pequena = relacionado com como se defende, como expressa seus sentimentos, se está feliz ou não, se é receptiva ou não.
- Se voltada para baixo – pode estar significando pessimismo, depressão, mau humor.
- Se omite a boca podemos entender = dificuldade de comunicação, expressão verbal.
- Olhos- órgão básico para seu contato com o mundo externo, (olhos janela da alma).
- Grande ou pequeno/ abertos ou fechados = como enxerga os acontecimentos, como percebe tudo ao seu redor, se observa ou não os acontecimentos, se se envolve ou se distancia dos mesmos.
- Se muito pequeno – inexpressivo = podemos entender que parecem excluir o mundo, absorvido no Si mesmo, introvertido, dificuldade de interação social. (não quer ver, olhar o mundo de frente);

Nariz – respiração, simbolismo fálico (associado a potência sexual)

- É proeminente (como o pênis) entrada e saída do ar, sufocado (falta de ar) angústia, ansiedade, agitação - vida. Também está ligado estereótipo social, relativo a agressividade. Masculino e afirmativo.
- Nariz desenhado de perfil em um corpo de frente = imaturidade, infantilidade, persistência na forma infantil de desenhar de sentir as sensações e emoções.

Pescoço

- Ligação entre o racional e o emocional, como digere o que percebe suas emoções e seus instintos.
- Ombros e queixo – expressão da autoridade – autoafirmação;

Tronco

- Grande, pequeno, expressivo ou inexpressivo = controle das emoções.
- Se o ombro é estreito ou largo = relacionado com autoridade e autoafirmação, com a angústia interna, com a falta de coragem e atitude.

Cintura

- Área do controle do impulso sexual.
- Ventre - Energia da Sexualidade

Membros superiores

- Membros superiores = contato, poder, realização energia da ação.

- Com movimento ou estático.
- Mãos = contato íntimo pessoal (masturbação) contato social, energia, agressividade.

Membros inferiores

- Pernas = locomoção, estabilidade, sexualidade
- Pés estão apoiados no chão ou não:

Está relacionado com a sua estrutura, seu jeito de entender as coisas, se faz sentido ou não, se a pessoa está no ar ou voando significa que não presta atenção, está dispersa, fora da realidade.

Representa autonomia, independência, atitudes de se pôr na vida, contato com a realidade. Adaptabilidade.

Movimento do corpo

- Andando, sentado, deitado, a posição em que se coloca no mundo, tudo depende do que desenhou e de como desenhou a cena, para poder avaliar e entender o significado do desenho.

Cada detalhe tem o seu significado, representa uma forma de expressar o significado daquilo que a pessoa e ou aprendiz está sentindo quando está desenhando.

Todas essas considerações são importantes, mas devem ser diretamente relacionadas com a anamnese da pessoa, segundo seu comportamento, segundo suas dificuldades. Nada pode ser interpretado de maneira leviana, sem critérios. Tudo está relacionado com o objetivo central da anamnese.

DESENHO DA CASA

Uma ideia do que perguntar no inquérito:

- De que é feita sua casa?
- Ela é conhecida ou desconhecida?
- De quem é essa casa?
- No que você estava pensando quando desenhou?
- Onde está localizada esta casa?
- Se esta casa fosse sua quem você levaria para morar com você?
- Qual a parte da casa que você mais gosta?
- Como está o tempo no seu desenho?

- Tem vento, para que lado sopra?
- O que está casa lhe lembra ou faz você pensar?
- É uma casa feliz ou triste?
- Por que você acha isto?
- Quantos andares tem esta casa?
- E mais coisas relacionadas ao desenho que você acha importante perguntar.
- Está perto ou longe de você?
- Acima ou abaixo de você?

Você pode fazer outras perguntas que achar pertinente dentro do seu conhecimento com relação a história do paciente segundo a sua anamnese.

Desenho da CASA (HTP) tudo tem um significado específico, que precisa ser considerado a título de interpretação.

A casa representa como eu acredito que as pessoas me percebem.

Precisa ser observado como foi desenhada a casa, se está no chão ou no ar;

- Se é grande ou pequena;
- Se está sozinha ou tem mais alguma coisa junto;
- Se tem poucas ou muitas janelas;
- Se a porta está aberta ou fechada;
- Se existe trancas na porta e nas janelas;
- Se existe um caminho;

- Se existe cercas, lagos, vegetação de forma geral;
- Se está de lado ou de frente;
- Como foi feito o telhado;
- Se é grande ou pequeno;
- Se foi elaborado ou é simples;
- Se tem chaminé ou não;
- Se tem fumaça ou não;
- Para que lado vai a fumaça;
- Se a casa é transparente ou não (isto significa, se desenha o que tem dentro da casa);
- Aonde ela se localiza – a direita / esquerda – no ar / chão do papel.
- Tudo no desenho é importante e tem um significado para sua interpretação.

Descrevo abaixo algumas referências de orientação para análise do desenho da casa.

- FUMAÇA – pode significar: tensão interior ou esforço para extravasar energia intelectual ;
- ANTENAS é outro símbolo fálico = indícios de fantasias sexuais - (estar antenado);
- TELHADO – área vital da fantasia- vida intelectual – quando enfatizado indica necessidade do controle da fantasia;
- JANELA NO SÓTÃO – excessiva fantasia, riqueza de vivência interior, contato com o meio mais intelectualizado;

- PAREDES – estrutura egoica – força do ego – equivale ao tronco da árvore e o corpo humano. Quando muito enfatizada – medo de perda do controle;
- PORTA – contato direto com o externo, mundo, com os relacionamentos, contato ativo com o meio ambiente;
- FECHADURA – sensibilidade defensiva do contato – autodefesa.
- Janelas – forte controle do contato com o meio ambiente– relacionamento indireto.
- JANELAS FECHADAS – força do controle do contato com o meio ambiente.
- JANELAS ABERTAS – melhor contato indireto com o meio ambiente.
- CERCA – necessidade de proteção – sentimento de insegurança – autodefesa, limites.
- CAMINHO – probabilidade de acesso com a pessoa, abertura cuidadosa com o meio ambiente.

Aqui temos apenas algumas possibilidades, mas é preciso estudar e buscar informações pertinentes para que se possa fazer uma análise fidedigna. São dados que vão de alguma forma clarear e ajudar o profissional na sua avaliação, no seu psicodiagnóstico.

DESENHO DA CASA - HTP

significa: Como eu acho que as pessoas me vêm

SÓTÃO = excessiva fantasia – riqueza de vivência interior.

ANTENA = símbolo fálico – indicio de fantasias sexuais.

TELHADO = área vital da fantasia e da intelectualidade.

PORTA = relacionamento do individuo com o meio – contato ativo com o ambiente.

CAMINHO = acesso para com o indivíduo – contato cuidadoso com o ambiente.

ACESSÓRIOS NO DESENHO DA CASA = quando aparecem devem ser analisados no conjunto.

MURAL DA CASA

FUMAÇA = vida dentro da casa – tensão – calor.

CHAMINÉ = meio indireto da expressão do calor e tensão.

PAREDE = estrutura egoica – força do ego.

JANELA = meio secundário de interação com o ambiente /receptividade.

LINHA REPRESENTATIVA DO SOLO OU CHÃO = simboliza o contato com a realidade.

DESENHO DA ÁRVORE

A árvore representa a pessoa, como ela está e como se percebe. (tudo a respeito de si mesmo).

A árvore representa a pessoa que está desenhando. Por isso o inquérito sobre o desenho é bem pertinente, vai demonstrar e determinar como a pessoa está e se percebe.

- Uma pergunta básica é se a árvore está viva ou morta, ou se tem alguma parte dessa árvore que não está bem. Este tipo de pergunta, vai proporcionar ao profissional avaliar como a pessoa se coloca no mundo e como se percebe se está bem ou tem algo que não está saudável..
- Quantos anos tem;
- Que tipo de árvore é?
- Onde ela se localiza;
- Se está sozinha ou não;
- Como está se sentindo naquele momento;
- Como está o tempo no desenho;
- Olhando para sua árvore ela se parece com um homem ou com uma mulher? Por quê?
- O que lhe dá esta impressão?
- O que está árvore lembra ou faz você pensar?
- Ela é forte ou fraca?
- Essa árvore lembra alguém?
- É uma árvore saudável?
- O que você acha que esta árvore precisa?
- O que lhe dá esta impressão?

E tudo mais que você ache importante questionar e que esteja relacionado com a árvore que a pessoa desenhou. Se você tiver mais informações sobre seu paciente que sejam relevantes, observar como ele desenhou a árvore e se conseguiu demonstrar seus sentimentos (emoções). Se achar que falta alguma coisa que seja importante, (questione) mas, de forma indireta, sem agredir a integridade do analisado.

Na hora de corrigir VAI OBSERVAR:

- A localização da árvore no papel, em que quadrante está;
- Se está apoiada ou solta;
- Se tem raiz ou não;
- Seu tronco se é espesso ou estreito;
- Se é em forma de T;
- Que tipo de árvore é;
- Alta ou baixa
- Pequena ou grande;
- Se é estreita ou larga;
- Vai olhar a copa, seu formato de anéis, em forma de nuvens ou linhas confusas, se é pequena ou grande, larga ou estreita;
- Os galhos, se são curtos ou longos, se são largos ou finos;
- Se existe galhos inseridos no caule;
- Se existe um nódulo no tronco;
- Se o tronco tem traços difusos, ou ondulados.
- Se tem um buraco no tronco;

- Se tem algum ninho inserido na copa ou no tronco;
- Cada coisa tem a sua importância e significado.

Descrevo abaixo, algumas referências de orientação para análise do desenho da árvore.

- COPA – O campo de expressão intelectual da pessoa – suas fantasias e criatividade.
- FLORES INSERIDAS NA COPA – preocupação com a aparência – com a fantasia.
- FRUTOS – resultado – desejo de realização – produto.
- GALHOS – corresponde aos braços da árvore, ligados afetividade – desejo de obter satisfação no meio ambiente. Corresponde também a direção da energia vital, direcionamento da ação - atitude.
- CORRESPONDE TAMBÉM A DIREÇÃO DA ENERGIA VITAL – direcionamento da ação – atitude.
- REFORÇO NO CONTORNO DA ÁRVORE – diz respeito aos seus sentimentos de raiva, irritação, pode também representar versatilidade e conteúdo impulsivo.
- FOLHAS CAINDO – alívio fácil – sensibilidade- delicadeza dos sentimentos – instabilidade – frouxo – sensitivo – depressão.
- FRUTOS CAINDO – perda – sacrificar alguma coisa – ter que largar algo – sofrimento – dor- falta de concentração – fácil alívio de pensamentos e sentimentos- falta de método – perda da personalidade.

- Nódulo no tronco – corresponde a traumas – sentimento de culpa e inferioridade- algumas carências, ou traumas.
- Traços difusos no tronco – que podem ser retos ou ondulados – retos – sensitivo – empatia intensa – rapidez de identificação – sensível – estado de erosão -ondulados – vitalidade – boa capacidade de adaptação.
- Raiz – Acentuação do que está embaixo – terra, peso, inibição, ligação com o inconsciente -preso aos instintos – impulsos – preso as tradições- dureza de inteligência. Necessidade de apoio de estrutura, sentir-se seguro.
- Linha de base – passividade – expressa realidade imediata – apoio – chão – necessidade de sentir-se firme e apoiada.

DESENHO DA ÁRVORE - HTP

significa = como eu sou

Tudo é de vital importância
para interpretação

TRAÇOS DIFUSOS NO TRONCO = sensitivo – empatia intensa – rapidez de identificação – dependendo do traçado tem outros significados.

FRUTOS CAINDO DA ÁRVORE = uma perda – sacrificar algo.

Ter que largar algo – sofrimento ou dor – falta de concentração e solidez.

TRONCO = sentimento de poder básico e força interior – força do Ego – estrutura – sustentação – equilíbrio – como a pessoa se coloca na vida.

FOLHAS CAINDO = alívio fácil – sensibilidade – delicadeza - instabilidade - Frouxo – esquece facilmente.

MURAL DA ÁRVORE

COPA = observar o tipo de copa que desenho – representa - campo de expressão – vida intelectual – expressão da criatividade.

FRUTOS = produto – resultado do desejo da realização.

SUPERFÍCIE ESCAMOSA = rasuras = irritabilidade – versatilidade – impulsividade.

GALHO = braços da árvore – capacidade de obter satisfação do ambiente. Direção da energia vital – afetividade.

ORIFÍCIO = trauma – carência – sentimento de inferioridade – culpa.

SE TIVER RAÍZES = contato com a realidade – estrutura – necessidades de apoio e segurança – vida dos instintos – impulsos inconsciente.

NO DESENHO LIVRE

Desenhar é uma necessidade natural e anímica da criança, do aprendiz e das pessoas de uma forma geral. Mas nem sempre a criança, o adolescente ou mesmo o adulto, consegue desenhar de primeira, isto significa que num primeiro momento pode sentir-se insatisfeito (a) com a sua produção, apagar, riscar, rasgar, aquilo que produziu, mesmo porque as coisas ainda não estão bem claras e definidas no seu interior, no seu inconsciente.

Registrar algo que ainda não foi definido internamente é muito difícil para qualquer pessoa, pois o registro pode não estar de acordo com aquilo que imaginou ou que acredita ser o certo.

Quando o aprendiz fizer um desenho livre, primeiramente você tem que entender e questionar o que ele quis passar com aquele desenho, o que representa o desenho para ele. Isso você só vai conseguir perguntando o que aquele desenho quer dizer, o que significa e o que ele quis representar.

Pode também questionar se faltou alguma coisa ou se quer acrescentar algo no desenho depois de pronto.

O desenho livre está associado à expressão do sentimento, da sensibilidade da criança, do aprendiz das pessoas de uma forma geral.

Traz vários conteúdos do inconsciente, que podem representar seus desejos e necessidades, que por vezes não são totalmente compreendidas. A dinâmica da criação, da imaginação, da fantasia está diretamente relacionada com a simbologia e seus significados que podem estar presentes no dia a dia como, trazer conteúdos arquetípicos. Conteúdos arquetípicos são estruturas inatas que servem de matriz para expressão e desenvolvimento da psique. Alguma coisa que está no inconsciente de cada um, que segue o molde ou padrão, que tem uma forma ou aparência já estabelecida no imaginário social, fundamentada em experiências e memórias relacionadas aos ancestrais, e que surgem de forma expressiva quando da realização de um desenho que pode ser livre ou induzido. Podem ser avaliados como se estivéssemos trabalhando na caixa de areia, utilizando a simbologia de cada desenho executado. Não que seja fácil, mas fica às vezes mais fácil de perceber o conteúdo expresso, o significado que seu desenhista deu para o trabalho realizado.

Todo e qualquer desenho tem uma representação direta com a sensação / emoção e os sentimentos do que a criança, aprendiz ou pessoa quis e conseguiu representar.

O profissional que estiver fazendo uma avaliação, tem que fazer de maneira bem precisa, analisar e avaliar o desenhista sendo o mais sincero possível, dentro da realidade de quem está desenhando, e não buscar interpretações onde não existe.

É preciso fazer uso do bom senso sempre.

Deve-se olhar o desenho, com um olhar daquele que busca descobrir o que o aprendiz quis passar, buscar o significado que está contido no desenho, avaliar a harmonia, o espaço que ele ocupa no papel, o colorido, o movimento, o tamanho de cada coisa.

Cada detalhe é muito importante, merece a nossa observação, sempre com muita sutileza e bom senso.

OLHAR PARA O DESENHO COMO SE FOSSE UMA OBRA DE ARTE

Quando você for fazer alguma análise do desenho, precisa observar detalhes que vão lhe ajudar entender, perceber, como o seu analisado está no momento e como se comporta, como entende e representa seus valores.

De forma geral devemos:

a. Verificar a Localização do desenho no papel, ou onde quer que ele tenha sido desenhado, é verificar se ele está mais para a direita, para esquerda ou mais centralizado. Solto ou apoiado, mais acima ou mais abaixo, sempre é necessário pensar nestes detalhes, mesmo que o desenho não esteja no papel, pode acontecer dele estar numa parede, numa tela, mesmo em um poste, como observei uma senhora desenhar no poste em frente à sua casa. Achei muito interessante a forma como ela se expressou e deu vazão a sua imaginação.

   Podemos também avaliar aqueles desenhos realizados por grafiteiros, que o fazem em muros, paredes, prédios... Tudo tem uma lógica, um jeito de se expressar, mostrar sua arte.

Quando o desenho estiver mais para a direita podemos dizer que está mais voltado para o futuro, pode estar representando um bom desenvolvimento emocional e social, sucesso, mas, se estiver mais a esquerda pode-se dizer que é um desenho mais regressivo, voltado para trás, para dentro de Si mesmo, mais egocêntrico, com certa tendência a depressão, à volta ao passado, representando também a dificuldade do crescer, amadurecer.

Mas, se estiver centralizado pode estar representando auto suficiência, um ego forte, um objetivo, determinação. Pode também estar representando foco, meta, objetivo, e porque não dizer egocentrismo no sentido da sua necessidade de ser observado e avaliado.

b. Tamanho - O tamanho também tem um significado específico, pode representar e ter uma interpretação favorável ou desfavorável. Quando o desenho for muito grande em relação ao papel, pode estar representando a necessidade de ser alguém, de se mostrar, ou muita agressividade. Tudo vai depender do contexto, da textura do desenho, das cores utilizadas. A criança, o aprendiz que associa o tamanho a cores fortes, como vermelho, laranja, amarelo, pode estar querendo passar a necessidade de chamar atenção, de se mostrar, de dizer estou aqui, me olha, me reconhece.

Pode também demonstrar que é uma criança com um ego emergente que nunca se satisfaz, que nada está bom. Todas estas interpretações precisam ser feitas com muito critério e associada a pessoa que está sendo avaliada, com muito bom senso e cuidados.

Agora o inverso também é verdadeiro, uma criança que desenha pequeno, pode estar dizendo que não quer ser notada, tem medo de ser reconhecida, é envergonhada, insegura, insatisfeita. Normalmente são crianças que se conformam com muito pouco espaço, não fazem questão de aparecer, são crianças mais conformadas com a situação, são tímidas com dificuldades de expressão.

Estas crianças são crianças mais tranquilas, quietas, não gostam de aparecer, tem medo de errar, da crítica, são muito exigentes consigo mesmas. Normalmente são crianças mais isoladas, sem muitos amigos. Lá no fundo podem estar necessitando de atenção, amigos e reconhecimento.

c. Traçado - O traçado do desenho também tem o seu significado, podemos detectar agressão, sensibilidade, insegurança, liberdade. Se as linhas são contínuas ou tracejadas, se o traçado é forte ou fraco. Cada coisa tem a sua representação.

d. Formas - As formas no desenho infantil são muito significativas, mesmo porque a criança não tem muita habilidade com formas estruturadas e complexas. Elas gostam de desenhar círculos, quadrados, triângulos, formas geométricas. Não significa que são precisas ao desenhar, mas induzem as formas. Elas possuem um significado universal como qualquer símbolo. Quando a criança faz desenhos com formas sinuosas, está de alguma forma representando movimentos aéreos e flutuantes, mais leve e mais suave.

O círculo tem uma representação primitiva do início, do começo, do ovo. Toda criança adora começar pelo círculo, é mais fácil de desenhar e mais conhecido, já faz parte do movimento inicial. Círculo remetem ao Infinito, proteção, segurança, apoio, amizade, amor, cuidado, movimento feminino, comunidade, perfeição, atenção.

Agora o quadrado / retângulo exige um pouco mais da criança, do aprendiz, porque são traços mais rígidos e determinados. A criança precisa ter noção de espaço, onde começa e onde termina. Pode significar:

Estabilidade, a familiaridade, a confiança, a ordem, a paz, a solidez, a igualdade, uniformidade, resistência, equilíbrio, confiabilidade, potência, eficiência, profissionalismo.

Li no livro de Nicole Bérard - "Como interpretar os desenhos das crianças" página 21, algo que me chamou atenção, relacionado com o desenho das formas.

Ela diz que o quadrado está interligado com a rigidez, com o comportamento mais rebelde por influência do exterior, e que o quadrado é uma forma bem concentrada, diretamente interligada com o jeito da criança mais forte, que tem muita opinião e não muda com facilidade.

Achei muito interessante e fiquei observando e avaliando as crianças que gostam de desenhar formas, associando as suas características pessoais. Constatei veracidade da informação.

O Triângulo – é uma letra grega delta, que representa a santíssima Trindade, nas culturas cristã, hindu, egípcia e babilônica, pode ser usado por três segmentos faz alusão também a tríades início, meio e fim; corpo, alma e espírito.

Eu associo que quando a criança desenha formas relacionadas com o triângulo, de alguma forma está acessando conteúdos inconscientes, que pode estar associado à sua elevação espiritual (essência). Quando voltado para cima representa a força do cosmos, do universo, quanto voltado para baixo representa a força terrena.

Os desenhos geométricos podem resultar em formas de mandala, que sugere um símbolo fora do tempo e espaço. Trás conteúdos inconscientes e arquetípicos.

SIGNIFICADO DAS CORES

No (HTP) nem sempre a criança quer colorir seus desenhos, mas existe outras que querem pintar. Por isso vale a pena entender um pouco do significado das cores básicas. Isto vai facilitar o entendimento do desenho associados as suas características básicas.

1. VERMELHO – simbolicamente representa - O Chacra básico – confiança é a cor que chama mais atenção, é uma cor forte e ativa, pode estar representando agressividade dependendo da intensidade e quantidade de vermelho que a criança utiliza. Representa paixão, muita energia e excitação. Se a criança misturar esta cor com alguma outra cor, de alguma forma ela está neutralizando a força/tensão que esta cor transmite. Está diretamente associado ao chacra básico, dos órgãos reprodutores, representando fundamento, sexualidade, sobrevivência, segurança e força.

2. AMARELO – simbolicamente representa – O chacra do plexo solar – que tem uma relação direta com o estomago, pâncreas, fígado, vesícula biliar. É uma cor clara, que representa

luz, calor, energia, otimismo, descontração e alegria. Representa também conhecimento e curiosidade. Quando a criança faz uso desta cor em excesso, pode estar passando a informação de ser uma criança que se cobra muito, é exigente com as suas realizações. Representa extroversão, confiança, força, pensamento claro, aprendizado.

3. Azul – simbolicamente representa – O chacra frontal – inteligência - tranquilidade, serenidade e harmonia. Representa a paz interior, associado a conteúdos do inconsciente (mar – oceano) por isso de alguma forma representa uma cor mais introvertida, voltada para dentro, para o intelecto dependendo da tonalidade. Azul indico pode estar associado as habilidades psíquicas, conscientização.

   Pode também estar representando o chacra da laringe (fala) dependendo da tonalidade – azul mais claro, associado a criatividade, cura e comunicação.

4. Verde – simbolicamente representa - O chacra cardíaco – (peito – pulmão -respiração – timo) amor - esperança, liberdade, saúde e vitalidade. Associada a natureza, filtram e purificam o ar. O verde é a mistura do azul e amarelo. Que podemos associar a uma natureza mais sensível, que envolve seus sentimentos e sensações. É uma cor intuitiva, representa sua ligação com a saúde e bem-estar.

   É também associado ao crescimento, equilíbrio, amor e empatia.

5. Laranja – simbolicamente representa – O chacra do baço – umbilical. É o chacra do intestino, rins e adrenalina. Traz vitalidade, prosperidade e sucesso, força e energia, juventude,

confiança e otimismo. Ela é uma mistura do vermelho com o amarelo. Representa também relacionamentos sociais, contatos mais íntimos, ardor, imunidade, apetite, energia e sentimentos.

Geralmente atrai crianças mais expressivas que adoram liderar, são muito esforçadas e competentes naquilo que se propõe fazer, mesmo porque o vermelho denota força, energia, paixão e determinação.

6. Roxo – simbolicamente representa – Chacra coronário – Cosmos – espiritualidade - fica no topo da cabeça – glândula pineal, representa: intuição, melancolia, calma, amor – Eu maior, Paz espiritual.

7. Rosa – Simbolicamente representa – afeto – relacionamento – motivação. É a mistura do vermelho com o branco, que ameniza a intensidade do vermelho. Por isso está associada ao afeto a ternura, ao carinho. É uma cor que representa a facilidade que a criança dispõe para fazer contatos agradáveis, mas que também pode ser negativo, quando a criança se torna vulnerável as coisas boas.

8. Marrom – simbolicamente representa - terra, estrutura básica, segurança, solidez. A criança que utiliza muito marrom demonstra uma certa rigidez, aprecia segurança, necessita de uma boa estrutura. Sempre pelo sim e pelo não podemos avaliar as corres. Quando em excesso traz os aspectos negativos, a necessidade de...

9. Preto – simbolicamente representa – morte, luta, dor, tristeza, melancolia, mistério, poder e estilo. É uma cor que não é muito aceita pelas pessoas, porque associam diretamen-

te com os conteúdos negativos, aos pensamentos negativos e forças do mal. Esta cor está diretamente associada ao inconsciente, representa os conteúdos desconhecidos, não necessariamente negativos.

A criança quando utiliza preto, de alguma forma nos transmite força, porque sua relação com o desconhecido é consistente, não tem medo, enfrenta os problemas, se adapta com facilidade as circunstâncias. Também pode ser associada a depressão, dependendo de como ela se apresenta no momento.

10. BRANCO – simbolicamente representa – início de alguma coisa – paz universal – Fé e esperança – É uma cor que a criança não utiliza muito, prefere deixar o espaço vazio e não pintar – não tem muita afinidade com a cor porque acha que não vai adiantar utilizar esta cor. O branco serve para suavizar as outras cores. Pode também representar a não imposição de restrições e obstáculos, que dificulta para criança a expressão do seu comportamento.

11. CINZA – representa – elegância, velhice, tédio, respeito, intelectualidade, espiritualidade. É a mistura do preto com o branco. É uma cor ligada a coisas passadas, coisas desconhecidas, quando a criança utiliza muito essa cor, pode estar significando que está dividida entre o passado e o futuro, é instável, podendo não saber fazer escolhas, porque não se sente segura nas suas escolhas, é aquela criança que não consegue definir muito bem as coisas, está sempre em cima do muro. Voltada para conteúdos depressivos.

Quando a criança desenha de uma só cor, não tem vontade de misturar as cores, pode estar dizendo que não está motivada, não tem muita vontade de fazer as coisas, tem preguiça.

Não que esteja errado, quando existe uma uniformidade nas cores, sem exageros, a criança está querendo realçar as formas, destacar o desenho, mostrar as formas e os traços do desenho.

Devemos sempre levar em consideração ao analisar as cores dos desenhos, seus significados associados com as características de personalidade da criança, do aprendiz ou da pessoa que está desenhando.

Suas características pessoais são de grande importância quando associadas as cores, é como se olhássemos uma pintura, um quadro, e conseguíssemos entender os sentimentos e as sensações que o artista quis que captássemos na sua tela. É a mensagem consciente e inconsciente do desenhista interlaçando-se, se integrando.

As cores passam a ter mais sentido para as crianças a partir dos seis – sete anos. Não que antes desta idade não chame atenção, não existe um significado interpretativo, mas, apenas um significado da força da atração, segundo o que os pequenos sentem, suas sensações e não sua representação associada pelo intelecto.

Antes dos seis anos, a criança está mais ligada ao intuitivo e não ao racional.

Os desenhos das crianças revelam suas emoções, como sente e percebe a vida ao seu redor. Revela o que está no seu coração, o que vai na sua alma e que não consegue expressar por palavras.

Nenhum desenho deve ser analisado separadamente, precisa ser associado ao comportamento da pessoa ou criança que está desenhando. Porque ele expressa a forma como essa pessoa identifica as coisas, como interpreta e que significado dá para sua história de vida.

O desenho tem a sua importância no desenvolvimento infantil, contribui para o aprimoramento cognitivo das crianças. Ele deve ser levado em consideração e não ser visto como algo corriqueiro e banal.

A criança quando desenha coloca para fora tudo aquilo que não está bem, está incomodando, está de alguma maneira interferindo e machucando internamente, tanto quanto, aquilo que ela ama e gosta. Os conteúdos positivos como os negativos são expressos através dos desenhos.

É também uma forma de desenvolver a coordenação motora da criança, ela precisa aprender a segurar o lápis, manuseá-lo sem deixar cair. Vai aprender controlar corretamente os movimentos da mão.

É um estímulo intelectual, a criança vai desenvolver sua criatividade, sua imaginação. Vai se sentir segura a cada desenho terminado. Vai perceber que é capaz e que consegue expressar o que vai na sua imaginação, consegue colocar no concreto o que está no abstrato. Desenhar facilita a criança se desligar do concreto, ir para o mundo interno, trazer para fora sua criatividade, cria foco, prende atenção, desenvolve a capacidade de concentração.

A arte de desenhar tem muita importância na formação da personalidade da criança. É o seu espelho, mostra como ela está sentindo-se quando está desenhando.

Conseguimos através do desenho medir o nível de maturidade que a criança apresenta segundo os conceitos básicos de Jean Piaget, segundo as fases do desenvolvimento.

Conforme Piaget, "o desenho é uma forma de representação que supõe a construção de uma imagem bem distinta da percepção". PIAGET, Jean. INHERLDER, Barbel. A Psicologia da criança. Rio de Janeiro: 17ª ed. Bertrand Brasil, 2001.

A criança desenha uma construção gráfica do que está passando naquele momento. A sua percepção do momento, o que está vivenciando.

O desenho é a primeira atividade lúdica da criança. Ela desenha para brincar, gosta de rabiscar que começa por volta dos 12 meses, quando a criança observa o adulto escrever, ela quer também fazer como o adulto faz, imitando o gesto do adulto quando escreve.

Todas as crianças passam por fazes diferentes durante seu processo de vida, vão evoluindo gradativamente, começam com rabiscos sem sentido, desordenados, para aos poucos ir dando sentido aos desenhos, que é uma expressão do *self*, sua projeção no mundo externo.

Desenhar representa captar simbolicamente o que seu inconsciente está demonstrando e expressando de uma forma lúdica seus sentimentos e sensações.

É aliviar sua alma, organizar seus conteúdos, é aceitar-se por inteiro, vivenciar o momento.

É Ser e poder crescer;

É Ser e se entender;

É Ser e se aceitar.

Desenhar acalma e organiza as ideias, desenvolve foco, atenção e concentração. Expressa seu traço de personalidade, demonstra suas emoções, seus receios e conflitos.

Desenvolve sua criatividade, alimenta seus sonhos ideias e pensamentos.

É uma forma LÚDICA de proporcionar autorrealização.

Esse livro foi todo fundamentado em pesquisas e prática profissional.

Parte V

COMO UTILIZAR O DESENHO DE FORMA CRIATIVA, LÚDICA E PROFISSIONAL

Profissionalmente os desenhos podem ser utilizados de diferentes formas no processo terapêutico psicológico ou psicopedagógico.

É um material de recurso muito rico, que facilita a interação da criança, adolescente e mesmo do adulto com o profissional em questão.

Podemos aplicar o desenho em atividades como:

1. Brincando com as ideias;
2. Desenvolvendo a criatividade;
3. Fazendo uma avaliação psicológica ou psicopedagógica;
4. Trabalhando as emoções;
5. Utilizando como expressão livre.

Sempre que o desenho é utilizado, provoca uma interação mais dinâmica, sincera e autêntica entre a pessoa que está desenhando e o profissional que está atuando no momento.

- **Brincando com as ideias** - você pode pedir para que o seu paciente ou aprendiz, construa uma frase, um parágrafo, uma história com frases e desenhos intercalados. Pode também pedir que ele monte uma estória em quadrinhos sobre o que está sentindo ou pensando.

- **Desenvolvendo a criatividade** - usar o desenho como alternativa no processo terapêutico. Proporcionar situações em que ele (a) possa desenhar, pintar, construir com materiais diversos aquilo que está presente dentro do si mesmo. Expressão livre dos sentimentos e sensações.

- **Fazendo uma avaliação psicológica ou psicopedagógica.**

- **Trabalhando as emoções** – desenhar, pintar, suas emoções em momentos de stress, felicidade, ansiedade, angústia....

Aqui você pode pedir para pessoa que desenhe alguma coisa que expresse uma emoção na qual ela viveu e registrou como importante.

Também pode sugerir que ela desenhe o que está sentindo no momento presente.

- Um sentimento, uma sensação, uma fantasia / imaginação.

- Utilizando como expressão livre:

Muitas vezes o paciente ou aprendiz dependendo do momento, solicita desenhar o que está pensando, sentindo o que viu e percebeu. Tem mais facilidade de expressar seus sentimentos através do desenho.

Eu acredito e vivencio o desenho como uma experiência única e especial, onde cada um pode registrar tudo que está pensando e sentindo de um jeito lúdico e gráfico.

Somos mais visuais do que auditivos, principalmente as crianças, registram mais o que veem do que o que escutam.

Muitas vezes escutamos por aí "Entendeu o quer que eu desenhe", mesmo brincando as pessoas passam a ideia de que o desenho é uma forma primitiva, clara e fácil de expressar um pensamento, uma ideia, uma situação emocional. Essas frases representam uma verdade universal.

É a utilização dos desenhos no mundo da comunicação.

Muitas pessoas não dão o devido valor para o desenho, são considerados como atividades improdutivas, mas que na verdade é uma atividade essencial para o bom desenvolvimento da personalidade e construção da identidade pessoal de cada um.

Foi desenhando que começamos a adquirir e expressar conhecimento.

Foi desenhando que mostramos o que entendemos e como construímos o pensamento.

Foi desenhando que começamos a nos comunicar através das ilustrações.

É desenhando que expressamos as emoções.

É desenhando que trabalhamos os sentimentos.

É desenhando que construímos a história.

Mesmo que você tenha dificuldade de desenhar, que o desenho saia de uma forma distorcida e que não lhe agrade, não seja muito crítico, procure entender o significado do seu registro. Isso de alguma forma vai ajudá-lo a reverter, transformar, entender o que se passa dentro de você.

Como já coloquei anteriormente, o desenho é uma forma de expressar seus conteúdos internos. Ajuda o desenhista registrar aquilo que está no abstrato.

Nessas leituras que faço regularmente li uma frase que me chamou atenção:

"É tão difícil um homem enxergar a si mesmo quanto olhar para trás sem se virar"

– Por isso é muito importante registrar tudo que faça você perceber o que se passa na sua história. Não podemos nem devemos desperdiçar nada que faça parte do Si mesmo, e o desenho é uma expressão lúdica dos nossos conteúdos internos que precisam ser colocados para fora mesmo que você não saiba desenhar.

Deixe de lado seu lado crítico, e faça o que seu coração pedir.

Como gosto de registrar tudo que leio e faço, aqui vai mais uma frase que achei interessante e muito pertinente para este momento:

"Desenhar é dar vida ao imaginário,
é transmitir emoção e sentir o poder
do criador em sua criação."

Ana Rúbia

Uma forma importante de linguagem expressiva, que faz parte do desenvolvimento sociocultural do ser humano.

Referências

BÉDARD, Nicole. *Como interpetar os desenhos das crianças.* Editora Isis, 1998.

COX, Maureen. *Desenho da criança*. São Paulo: Martins Fontes, 1995.

DERDYK, Edith. *Formas de pensar o desenho? desenvolvimento do grafismo infantil.* São Paulo: Scipione, 2003.

DE GREGORI, Waldemar. *Os poderes dos seus três cérebros.* Pancast Editora. 1994.

METAFÍSICA – Apostila sobre o equilíbrio bioenergético – interação mente corpo e espírito. Fraternidade branca universal.

RABELLO, Nancy. *O desenho infantil: entenda como a criança se comunica por meio de traços e cores*. 2 ed. RJ: Wak Editora, 2014.

SCICCHITANO, Rosa Maria Junqueira. *Avaliação Psicopedagógica - recurso para prática.* Rio de Janeiro: Wak Editora 2013.